한국기독교 역사 현장을 찾아서

이종전의
서울기행

정동·서촌편

이종전 지음

아벨서원

머리말

긴 세월 전국을 걸었다. 인터넷이 없었을 때 작은 정보 하나를 얻으면 마치 동굴을 탐험하는 사람이 긴 끈을 이용해서 돌아올 길을 확보하듯이 지도와 경험을 의존해서 찾았던 길들은 미지의 장소로 나를 인도했다. 그것은 단지 공간적 장소를 넘어서 시간적 장소로 가는 길이기도 했다. 언제부터인가 걸었던 길을 수많은 사람들이 걸었고, 그리고 내가 그 길을 걷는 것이니, 걷는 과정에서 시간을 거슬러 많은 사람들을 만났던 기억이다.

걸으면서 만났던 사람들, 사건들, 그리고 남겨진 유산들까지 챙기고 또 챙기려고 했지만 여전히 다 챙기지 못해서 또 다시 같은 길을 걷기도 여러 차례였다. 그럴 수밖에 없는 것은 그 길을 걸었던 사람들, 그리고 그들과 함께 했던 일들이 많은 시간과 함께 겹치니 한번 걸으면서 모든 것을 찾거나 만날 수 없는 것은 당연한 일 아니겠는가.

더구나 정동과 서촌, 이곳은 개항과 함께 급변하는 국제 정세 앞에서 꺼져가는 등잔불 같았던 조선이 겪었던 근대사의 많은 사건의 현장이기도 하다. 그만큼 많은 이야기, 사건, 그리고 역사의 주인공들이 남긴 유산들이 있는 곳이다. 그렇다고 그것들이 모든 사람들에게 보이는 것은 아니다. 역사의 사실을 찾고, 그것에 담긴 진실과 교훈을 찾는 것은 준비된 의식이 없이는 불가능하다. 그렇다고 모든 것을 준비해서 찾아 나설 수 있는 것도 아니다. 걸으면서 생각하면서 하나씩 쌓아지는 식견이 역사에 담긴 사실을 찾는 기쁨을 가지게 한다.

4개월 전 <이종전의 인천기행>을 세상에 내놓으면서 오래된 체기를 떨쳐내는 느낌이었다. 너무나 오래 동안 원고를 끌어안고 있으면서 풀어내지 못했기 때문이다. 그러나 부족하고 아쉽더라도 풀어내고 나니 이왕 시작한 것 부지런히 묶어내자는 생각이 들었다. 하여, 금년도 계획 가운데 서울편 한 권만이라도 만들고 다른 일을 하자는 생각을 했다. 이 책도 기본적으로는 아주 오래된 글이다. 신문, 잡지에 소개했던 글을 기본으로 해서 이 책을 묶으면서 손을 보았다. 세월이 지난 만큼 달라진 부분도 있고, 더 많은 자료들이 발굴되어서 참고하여 첨삭을 해야 하는 곳들도 있기 때문이다.

이 책은 단순히 답사기는 아니다. 기본적으로는 답사형식을 빌렸지만 그 내용은 역사적 사실에 충실하고, 하나의 자료가 될 수 있도록 철저하게 검증하려고 노력했다. 그럼에도 필자가 잘 못 알고 있는 것도 있을 수 있고, 더 깊이 알아야 했는데 알지 못하고 지나친 것도 있을 수 있다. 이 점에 대해서는 혹 있다면 전적으로 필자의 한계이니 이해를 구한다.

처음에는 호기심 정도를 표현했던 사람들이 최근에 들어서는 적극적으로 알고 싶어나는 분위기가 형성되는 것은 매우 기쁜 일이다. 그것만으로도 필자가 40년 가깝게 기독교 신앙의 유산을 발굴해온 보람을 대신하기에 충분하다.

오래 묵은 채 있었던 원고가 세상에 빛을 볼 수 있게 되는 데는 보이지 않는 곳에서 필자를 격려해주는 이들과 기도하는 이들이 있었다. 어진내교회 지체들, 아내 혜례, 요수, 지은이, 그리고 주진이까지 내게 많은 힘이 되어주었다. 그리고 개혁파신학연구소를 통해서 기도와 후원을 아끼지 않는 회원들, 특별히 이 책이 세상에 나올 수 있도록 기도와 격려로 응원해준 박경혜 권사님과 김경중 목사님께 감사한 마음을 남긴다.

2025년 4월
이 종 전

정동과 서촌을 걸으면서

은둔의 나라 조선을 최초로 서양 세계에 알린 사람은 하멜(Hendrik Hamel, 1630~1692)이다. 그는 상선 스페르베르(De Sperwer)호를 타고 일본 나가사키로 가던 중 폭풍을 만나 제주도에 표류하여 조선에 억류되었다. 13년(1653~1666) 동안 조선에 억류되어 생활하다가 두 번의 탈출계획과 실패를 경험했지만, 끝내 어선을 타고 탈출해서 일본을 거쳐서 고향 네덜란드로 돌아갔다. 그는 조선에 억류되어 살면서 익힌 조선의 역사를 <조선왕국기>로, 또한 그의 일상을 기록한 것을 <표류기>로 묶어서 서양 세계에 조선을 최초로 알린 사람이 되었다.

하지만 그것은 그가 목적했던 일은 아니었다. 표류와 억류라고 하는 강제적 상황에서 그가 할 수밖에 없었던 것이지만 결과적으로는 조선을 세상에 알리는 역할을 했다. 그는 자원해서 이 땅을 걸었던 사람이 아니다. 자신의 의지와 관계없이 억류된 생활을 하면서, 그렇지만 자신의 억울함과 훗날 자신이 받아야 할 임금과 물질적인 손해, 그리고 면책까지 확실하게 하기 위해서 처음부터 자신의 행적에 대해서 기록하기 시작했다. 그러한 동기에서 기록으로 남겨진 것인 <표류기>이다.

그를 통해서 깨닫게 되는 것이 기록의 중요성과 필요성이다. 기록은 사실을 역사로 만들고, 역사는 후대 사람들에게 판단하는 지혜와 반성과 함께 인문학적인 의미와 가치를 제공한다. 그러한 의미에서 근대의 서울, 그 중에서 정동과 서촌을 걷는다는 것은 여러 가지 의미를 동반한다. 정동은 조선말기 격동의 현장이었고, 동시에 받아들인 선교사들에 의해서 조선에 처음으로 서양의 문물이 전달되는 곳이었다. 그러한 의미에서 조선이 몰락하는 현장이었으며, 동시에 미래의 조선(?)을 형성하는 준비가 있었던 곳이라고 할 수 있지 않을까.

조선이 외세에 의해서 몰락하는 과정에서 을사늑약이 체결된 현장이었음은 물론이고, 그 앞에 있었던 고종 황제의 아관파천(1896), 그리고 1897년 고종 황제가 러시아공사관에서 나오면서 정궁인 경복궁을 두고 이곳 덕수궁(경운궁)에 거처를 정함으로써 조선의 마지막 궁궐의 지위를 가지게 되었으니 정동은 근대사의 중심지라고 할 수 있으리라.

그러한 상황과 함께 정동은 자연스럽게 특별한 곳이 되었다. 청국 외에는 외교관계를 거부하고 있었던 조선이었고, 외세의 강요에 의한 통상교섭을 하는 과정에서 조선이 스스로를 지키기 위해서 할 수 있는 것이란 없었다. 따라서 외교관계를 맺은 나라들의 영사관을 모두 정동에 모아놓게 되었다. 또한 외교관계가 수립되는 것과 함께 개화파 정치인들이 앞장서서 정치와 경제, 군사적인 요소를 제외한 외국의 도움을 청하는 과정에서 복음을 전하지 않는다는 조건으로 기독교 선교사들을 받아들이게 했다. 그 중심 김옥균과 윤치호가 있었다.

그렇게 해서 1884년 9월 20일 처음 조선을 찾아온 이가 알렌(Horace Newton Allen, 1858~1932)이다. 그가 자리를 잡은 곳도 정동이었으며, 그 위치가 현재의 중명전 자리이다. 그 후 이듬해부터 내한하는 선교사들 역시도 모두 알렌의 집을 중심으로 정동에 자리를 잡았다. 그와 함께 조선 정부는 선교사들에게 정동 밖으로 나가는 것에 대해서는 신변에 대한 책임을 지지 않겠다고 하는 위협과 함께 사실상 외출을 금했다. 그러니 초기 선교사들은 이곳 정동에 사실상 갇힌 신세였다고 할 수 있다.

그러니 초기 몇 년은 입국한 선교사들이 특별히 허가를 받아서 외출하는 경우를 제외하고는 대부분의 시간을 정동이라고 하는 좁은 공간에 있어야 했고, 무엇을 하든 정동에서 해야 했다. 따라서 정동은 우리나라 근대사에 있어서 다양한 사건들이 있었던 곳이다. 특별히 선교사들에 의해서 시작되는 학교, 병원, 인쇄소, 스포츠, 고아원, 교회 등이 모두 이곳 정동이 출발지이다. 그와 더불어서 파생되는 신문화의 확산이 시작된 곳이다.

이러한 역사적인 배경을 생각하면서 정동의 골목을 걷노라면 하루가 모자란다. 발길이 닿는 곳마다 역사와 인물과 사건이 있었던 곳이기에

멈출 수밖에 없고, 곳곳에 남겨진 사건과 이야기는 그냥 지나칠 수 없다. 특별히 기독교 복음이 전해지는 과정에서 선교사들과 신앙의 선배들이 우리나라가 근대화와 독립으로 나아가는 길목에서 어떤 역할을 했는지 찾아볼 수 있는 현장이다.

필자가 지금까지 정동을 걸은 것이 몇 번일까? 헤아리는 것이 어려울 만큼 많이 걸었다. 그럼에도 여전히 아쉽게 느껴질 만큼 더 알아야 하고, 더 찾아보아야 할 곳이 있다는 생각을 해야 할 정도로 많은 사건, 일, 인물, 그리고 이야기가 있는 곳이다.

정동을 지나 도렴동, 내수동, 내자동을 지나 인왕산 자락으로 이어지는 경복궁 서쪽(사직동, 청운동, 옥인동, 효자동, 필운동, 체부동, 누각동)은 조선 초기에는 왕족들이 많이 살았다. 하지만 조선정부의 정치적 상황이 변함에 따라서 군인, 평민, 서리(書吏), 경아전(京衙前)과 같은 신분의 사람들이 살았다. 그런가 하면 서촌의 북쪽에는 사대부들이 많이 살았다. 조선이 몰락하는 과정인 대한제국과 식민지 시대에는 이완용, 윤덕영과 같은 친일파 사람들이 이 지역의 넓은 토지를 차지하면서 저택을 짓고 살았으며, 일제의 관사들과 총독부 관저도 이곳에 자리를 했으니, 서촌은 조선 초기부터 여러 인물들과 근대사에 중요한 역할을 했던 이들을 만날 수 있는 곳이다.

이제는 많이 없어졌지만 서촌의 골목을 걷노라면 북촌 한옥마을과 같은 분위기를 느낄 수 있는 곳이 아직 남아있다. 그곳은 북촌으로 진출하려는 일본인들을 막기 위해서 개발해서 밀집된 한옥을 지어서 분양했던 정세권이 이곳 서촌에도 한옥을 지어 분양함으로써 일본인들이 주거지를 확보하는 것을 교묘하게 막았다. 돈도 벌고 일본인들이 주택지로서 좋은 곳을 차지하지 못하게 하려는 계산된 사업을 한 것이니, 지혜롭게 우리의 것을 지키려고 한 건축업자의 정신이 아닐까.

그런가 하면 정동에서 새문안길을 건너서 서촌으로 이어지는 지역에는 주요 선교부들 가운데 가장 늦게 내한한 미국 남감리교회 선교부가 자리를 잡고 복음을 전했던 곳이다. 따라서 남감리교회가 세운 교회들과 학교들이 남아있다. 이 지역은 정동과 같이 정돈된 곳이 아니다 보니 골목형태의 길이 그대로다. 그래서인지 걸으면서 만나는 인물과 이야기는 답사하는 기쁨과 의미를 더한다.

그렇지만 기독교 유적을 순례할 때 서촌을 간다고 하면 '거기는 왜?'라고 의아해 하는 것이 현실이다. 그만큼 서촌이 알려지지 않은 것이라는 의미이다. 최근에 들어서 젊은이들이 많이 찾는 핫한 곳으로 알려지기 시작했는데, 그것은 북촌과 같은 분위기가 남아있고, 그러면서도 북촌보다는 더 빈티지한 분위기와 함께 카페들이 들어서면서다. 또한 먹자골목과 유명한 재래시장도 젊은이들을 불러들이는 요인이다. 그러나 서촌에는 우리나라 근대사와 기독교 역사에서 많은 이야기를 품고 있다. 아직 알려지지 않은 만큼 함께 걸으면서 찾아보는 것은 답사여행을 즐길 수 있기에 충분하다.

목차

1. 정동

정동은 조선말기 비운의 역사 현장이다. 조선의 몰락과 함께 일본 제국주의자들에게 주권을 빼앗기는 을사늑약이 강제로 체결된 현장이며, 고종 황제가 세자와 함께 정궁인 경복궁을 몰래 빠져나와 러시아공사관으로 피신하여 1년 9일 동안이나 그곳에서 살아야 했던 현장이다. 이 아관파천(俄館播遷, 1896.2.11. ~ 1897.2.20.)과 함께 러시아는 조선에 대한 영향력을 행사하려고 함으로써 러일전쟁이 촉발되었다. 이렇게 정동은 조선말기 제국주의 열강들이 치열하게 외교적 각축전을 벌였던 현장이다. 그 현장에는 현재도 미국(대사관저), 러시아, 영국 등 당시 제국주의 열강들의 대사관이 자리하고 있다.

그런가 하면 우리나라 최초의 서양식 교육과 신문화의 발상지라고 표현할 수 있다. 남녀학교와 병원, 출판사까지 은둔의 나라 조선을 깨워주는 일들이 있었던 곳이기 때문이다. 질병을 귀신의 장난과 팔자로 받아들였던 무지한 사람들을 치료하면서 그 무지로부터 깨어나게 한 학교와 병원의 역사가 시작된 곳이다.

이러한 조선 근대화의 한 축을 담당했던 것은 다름 아닌 선교사들이었다. 그들이 이 땅에 들어와서 처음으로 정주했던 곳도 이곳 정동이다. 개항과 함께 절박한 상황에서 선교사들의 입국을 허락했지만, 스스로 갇혀 있었던 조선은 여전히 그들이 두려움의 대상이었기 때문에 특별한 허락을 받은 경우가 아니면 정동 안에서만 활동하게 했다. 따라서 초기 선교사들 대부분의 활동은 정동에서 시작되었다.

140년 전 정동은 낯선 서양인들을 만날 수 있는 거의 유일한 곳이었다. 두려움과 함께 호기심으로 접근해서 여러 가지 시행착오를 거듭하면서 그들의 행동 하나까지 살피던 조선인들은 이내 그들의 가르침과 섬김의 영향을 받아 스스로 갇혀 있던 베일을 벗어던지기 시작했고, 그들이 전해주는 것들을 받아들여야만 했다. 동시에 흡입력이 강력했다. 따라서 조선이 근대화의 길을 열어가는 커다란 역사적, 사회적 변화의 현장이었다.

그러한 의미에서 우리나라 근대사에 있어서 변혁과 새로운 시대를 열어가게 하는 일들을 주도했던 선교사들의 활동이 있었던 곳, 그곳을 걷노라면 140년 전 선교사들이 조선을 어떻게 섬겼는지, 그들의 행적을 따라가면서 어떤 마음과 믿음으로 이 땅의 사람들에게 그리스도의 사랑을 전해주었는지? 그리고 그들의 영향을 받아 응답했던 초기 신자들의 모습과 역할은 어떠했는지를 찾아볼 수 있다.

정동을 어디서부터 걸을까? 그것은 교통편에 따라서 다른 선택을 할 수 있다. 어디서부터 걷든지 정동 중앙로터리에 이르러서부터 갈라진 길을 따라서 순서는 자유롭게 선택할 수 있다. 하지만 필자는 배재학당부터 찾아보려고 한다.

정동하면 덕수궁과 돌담길을 떠올리지만, 정동은 구한말 격변기에 서양 선교사들이 자리를 잡고 이 땅에 복음과 서양의 문물을 전하던 곳이다. 또한 서양 병원과 신교육을 시작한 곳이다. 정동길을 걷는 사람들은 많다. 고궁을 둘러싼 주변에는 작은 쉼터들과 극장, 미술관, 요즘 성행하고 있는 카페들이 사람들을 불러 모으기 때문이다. 하지만 정동은 조선 말 격변기 정치의 중심이었고, 초기 선교사들이 조선에 들어와 처음으로 선교를 위한 전진기지를 만들었던 곳이다. 그러므로 정동은 어디나 선교사들의 족적이 남겨진 곳이라고 할 수 있다. 따라서 그들의 족적을 따라가서 걷노라면 하나님의 섭리와 은혜를 온몸으로 체험할 수 있는 곳이다.

배재학당은 미국 북감리교회의 선교사 아펜젤러(Henry Gerhart Appenzeller)에 의해서 설립된 한국 최초의 서양식 근대 교육기관이다. 배재학당은 아펜젤러가 같은 감리교회의 의료 선교사로 온 스크랜턴(William Benton Scranton)의 집을 사들여서 벽을 헐고 만든 교실에서 1985년 8월 3일부터 이겸라, 고영필 등 두 사람에게 영어를 가르치기 시작한 것이 그 효시이다. 이에 고종황제는 1887년 6월 8일에 "유용한 인재를 기르고 배우는 집"이라는 의미의 배재학당(培材學堂)이라는 교명을 하사함으로써 사실상 학교를 인가하여 현재에 이르고 있다.

하지만 이 학교가 시작될 때의 상황은 지금과 같지 않았다. 즉 학교 건물을 짓고 학생모집 광고를 내서 지원하는 사람을 학생으로 받은 것이 아니다. 서양인들에 대한 인식이 매우 나빴고 낯설었기 때문에 서양인은 기피의 대상이었다. 게다가 유교식 교육 이외에 교육을 생각하지 못한 상태에서 선교사들이 학교를 한다고 해서 학생들이 몰려올 상황이 아니었기 때문이다. 장안에 떠돌던 고아를 선교사들이 거두면서 단순히 아이들을 먹이고 재우는 것으로 될 일이 아니고, 그 아이들을 가르치기 시작한 것이 사실상 학교의 시작이다. 그러한 의미에서 초기 선교사들이 시작한 학교는 육영사업만으로 이해하는 것은 한계가 있다. 오히려 복지사업으로서 의미를 더할 수 있음을 기억해야 한다. 즉 고아들을 거두면서 그 아이들을 가르치기 시작했으니, 고아 돌봄과 교육이 같이 이루어진 셈이다.

그렇게 시작된 학교가 얼마 지나지 않아 시대의 변화를 빨리 파악한 일부의 사람들이 학교를 찾아오면서 활성화되기 시작했다. 그 과정이 쉽지 않았지만 분명히 조선말기 정세의 변화는 새로운 시대를 바라보게 했다. 그러므로 그러한 시대적 변화를 직감한 사람들은 선교사들을 찾아왔고, 그들은 이 학교를 통해서 새로운 세계를 볼 수 있기를 원했다. 또한 자녀들을 입학시켜서 아이들의 미래를 열어주고 싶어 했다. 그러한 결과 귀족, 고관들의 자녀들이 소위 백으로 입학하기 위해서 줄을 서는 해프닝까지 연출되는 상황이 되었다. 이로 인한 선교사들의 갈등도 있었던 것이 사실이다.

배재학당(중앙), 왼쪽 계단이 있는 집은 노블 선교사 사택, 오른쪽 주택은 웰치 감독의 집(출처:서울역사박물관<100년 전 선교사, 서울을 기록하다>)

이렇게 시작한 배재학당은 1887년 최초의 벽돌 양옥으로 배재학당 본관을 건축하여 학교 교육을 본격적으로 시작했다. 아펜젤러는 배재학당을 설립해서 이미 조선에 있었던 통역관을 양성하는 학교라는 통념을 타파하고 "자유 교육을 받은 사람을 내보내려는 것"을 목적으로 교육을 시작했다. 한학중심의 서당교육을 넘어서 근대 교육을 한국 최초로 시행한 것이다. 따라서 근대 교육의 효시라고 할 수 있는 이 학교에서는 영어, 한문, 인문, 수학, 과학, 역사, 세계지리, 체육, 음악, 미술, 의학 등 생활에 필요한 실용적인 교육을 했다. 이렇게 실용적인 과목을 가르치면서 변화하는 시대에 대응할 수 있는 교육을 한다는 소문이 퍼지면서 학생들이 몰려오기 시작했다.

이로 인한 부작용도 없지 않았다. 처음에는 신학문을 교육하는 것에 대한 거부는 물론 색안경을 쓰고 비판하던 양반, 고관들이 시대의 변화를 감지하고 자기 자녀들을 입학시키기 위해서 줄을 대어 입학을 요구했기 때문이다. 이러한 현상은 마치 귀족의 자녀들이 입학할 수 있는 것처럼 보여지기도 하고, 상대적으로 천민과 가난한 사람들의 자녀들은 공부하기 어려운 분위기가 만들어지는 상황이 되었다. 이에 대해서 선교사들 내에서도 이견이 생기기 시작했던 것도 사실이다. 그럼에도 아펜젤러 선교사는 조선의 인재양성이라는 목표를 우선함으로써 학교는 발전할 수 있었고, 이러한 아펜젤러의 입장에 반대했던 사람은 상대적으로 소외된 길을 갔다.

배재학당역사박물관 정초석

배재학당역사박물관

Appenzeller/Noble Memorial Museum

하지만 당시 조선은 매우 열악한 경제적, 사회적 현실이었다. 천민과 가난한 집의 학생들은 학비를 낼 수 없을 만큼 어려웠고, 생활고로 인해서 학교에 다니는 것이 쉽지 않았다. 따라서 40여 명이 동시에 기숙할 수 있는 한옥 기숙사를 지어 근대교육기관으로서 면모를 갖췄다. 이렇게 해서 학교에서 기숙사 생활을 하면서 일도 하고 공부할 수 있는 여건을 만들어주었다.

현재 박물관으로 사용되는 동관건물은 1916년에 준공한 건물(서울 기념물 16호)로서 신교육의 요람이었던 배재학당의 면모를 현재까지

보여주는 유일한 증거로 남아있다. 동관건물을 박물관으로 꾸민 것은 2008년 7월 24일이며, 한국 선교 초기에 감리교회의 선교사로 내한하여 배재학당과 관련하여 수고했던 사람들 즉, 아펜젤러(Henry Gerhard Appenzeller), 아펜젤러 부인(Ella Dodge Appenzeller), 노블(William Arther Noble), 노블 부인(Mattie Wilcox Noble), 아펜젤러의 딸(Alice Rebecca Appenzeller), 노블의 딸(Ruth Noble Appenzeller) 등을 기념하는 박물관으로 개장했다.

박물관 내부에는 배재학당이 시작된 역사와 함께 초기 선교사들의 사역에 대한 자료들을 만날 수 있다. 유물도 있지만 전시자료를 만들어서 보여주고 있다. 그리고 배재학당 시대에 이 학교에서 공부한 사람들 가운데 국가적인 정치, 사회 지도자로 혹은 문인, 학자로 알려진 이들에 대한 자료를 전시하고 있다. 나도향(소설가), 김소월(시인), 지청천(임시정부 독립군 총사령관), 오긍선(최초 의학박사, 세브란스의학전문학교 최초 한국인 교수), 주시경(한글학자), 이승만(대한민국 초대 대통령), 윤치호(독립협회), 서재필(독립신문 발행, 상해임시정부 외교위원장) 등, 그 이름만으로도 대한민국이 알 수 있는 인물

아펜젤러와 노블 기념박물관

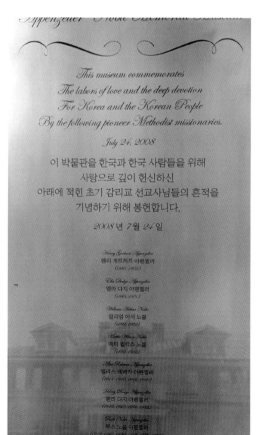

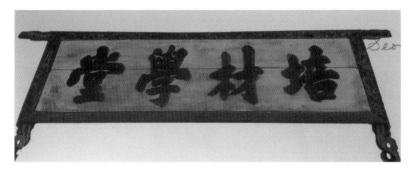

들이 사실상 이 학교를 통해서 만들어졌음을 알 수 있다. 또한 그들은 실제로 독립운동과 대한민국건국의 주역이었으며, 그 길을 닦는 데 있어서 주역들이었다.

이 박물관에서 그들의 행적을 다 볼 수는 없지만 그들의 존재감을 확인할 수 있다. 이에 대한 의식을 새롭게 할 수 있는 것만으로도 이곳을 찾은 의미가 있지 않을까.

배재학당 박물관과 배재학교법인 건물 사이 공터는 잔디밭을 만들었고, 그 북동쪽 끝에는 아펜젤러 선교사의 동상이 세워져 있다. 학교 입장에서는 설립자이기도 한 아펜젤러를 기리기 위한 것으로 세웠을 것이다. 아펜젤러가 정동에 자리를 잡고 이 학교를 세우는 것을 시작으로 조선을 복음화하기 위해서 수고한 것은 그의 짧은 생애에 비해서 너무나 많았다. 그것은 그의 위치가 감리교회 초대 선교사, 그리고 조선이라는 은둔의 나라에서 그가 행하는 대부분의 것들이 처음이라는 수식어가 붙을 수밖에 없었던 현실에서 그가 한 말 한마디, 그가 했던 일들은 모두 역사적인 의미가 있기 때문이다.

그가 군산 어청도 앞바다에서 해난사고로 순직하는 순간까지도 3등 칸에 타고 있던 조선인 여학생을 구하기 위해서 내려갔다가 빠져나오지 못하고 배와 함께 수장되고 말았으니, 그가 선교사로서 이 땅에 와서

무엇을 위해 살았는지를 증명하는 것이 아닐까. 그가 순직한 것이 1902
년이니까 만 44년의 이생에서의 삶을 살았다. 44년의 생애 중에 조선에
서 산 것이 17년이다. 결코 짧지 않은 시간을 복음 전도와 학교를 통한 계
몽을 주도하면서 이 땅에서 감당해야 했던 일들은 결코 녹록한 것이 아
니었다.

그래서인지? 여기에 세워진 동상은 청년의 모습으로 느껴지면서도 많은 것을 생각하게 하는 것은 동상 앞에 서는 대부분의 사람들의 느낌이 아닐까?

배재소공원

현재 배재학당이 있었던 곳은 박물관 건물 외에는 찾아볼 수 있는 것이 없다. 다만 박물관과 러시아대사관 사이에 나무들이 있는 도심의 작은 숲에서 그 흔적을 찾아 볼 수 있다. 그곳은 1984년 배재학교가 강동구 명일동으로 이전을 하면서 작은 공간이지만, 시민들을 위한 휴식공간을 마련해 남겨준 공원이다. 시민들이 많이 오가는 곳이 아니기에 언제 찾아도 한적하게 잠시 쉬었다 가기 좋은 공간이다. 그곳에 이르면 작은 벤치와 걸터앉을 수 있는 계단이 있고, 그곳이 배재학당 터인 것을 알려주는 표지석과 안내 동판이 설치되어있어서 비록 건물은 남겨진 것이 없지만, 그 역사를 기억하게 하고 있다.

배재공원(좌, 강남으로 이전 후 일부를 시민을 위한 공원으로 조성), 배재학교 터에 배재공원이 만들어졌음을 알리고 있다

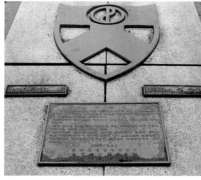

신교육 발상지 표지석

배재학당이 자리하고 있던 곳에는 현재 배재학교 법인 건물을 지어서 사용하고 있다. 현대식 건물 두 동이 자리하고 있는 사이에는 전면과 후면에 각각 "신문화의 요람지" "신교육의 발상지"(현재 이 비석은 박물관 동쪽으로 옮김)라고 하는 표지석이 세워져있다. 이 표지석은 1973년에 세운 것으로 학교 이전과 관계없이 그 자리를 지키고 있어서 이곳

신문화 발상지 표지석

이 배재학당의 터였음을 알려주고 있다. 이곳이 신문화와 신교육의 요람과 발상지라고 표현한 것은 결코 과장된 것이 아니다. 그만큼 역사적인 의미가 있는 터이기 때문이다. 배재학당 터를 돌아보면서 기억에 담아야 할 것은 우리나라에 처음으로 전해진 많은 근대문화의 요람이라는 사실이다.

특별히 학생들을 통해서 확산된 서양의 스포츠는 우리나라 스포츠 발전에도 기여한 바가 크다. 뿐만이 아니다. 이 학교를 통해서 배출된 문인과 학자들, 독립운동 지도자와 정치 지도자들, 사회 지도자들이 우리나라의 독립과 건국, 그리고 사회와 문화의 발전을 이끌어간 업적은 모두 표현하는 것이 어려울 만큼 많다. 그만큼 배재학당이라는 한 학교가 근대사에서 기여한 역할 크다는 의미일 것이다.

특별히 기억하게 되는 사람들만 예로 들어도 독립운동과 대한민국 건국을 이끌었던 이승만, 소설가 나도향, 시인 김소월, 한글학자 주시경, 독립운동가 지청천, 한국인 최초 의학박사이면서 최초 연희의학전문학교의 교수가 된 오긍선, 독립신문을 통해서 민족의 계몽을 이끌었던 서재필, 윤치호 등이 있다. 그 이름만 들어도 근대사에서 지나칠 수 없는 사람들이다. 이러한 사실은 공교육이 사실상 없었던 당시에 배재학당이 갖는 역사적 의미가 어떤 것인지를 알게 하기에 충분하다. 공교육이 시

배재 인물들(박물관 전시 사진)

행되지 않고 있던 당시에 처음으로 생긴 서양식 교육을 하는 학교에 찾아오는 것이 쉽지 않은 것이었지만, 어떤 기회로든 이 학교의 문을 두드린 사람들은 스스로 갇혀있던 우리나라를 이끌어가는 역할을 했다고 할 수 있다.

현재 강동구에 있는 배재학교에는 이 학교 출신들을 기리는 동상, 비석, 그리고 어록비와 기념관까지 다양한 조형물들을 설치해서 학교의 전통과 자긍심을 지켜주고 있다. 비록 위치는 달라졌지만 학교의 역사를 통해서 한국 근대사의 주역들과 역사적 사실들을 깨닫게 하는 중요역할을 하고 있다.

삼문(三文)출판사 터

배재학당 터를 찾는 것은 단지 배재학당만 만날 수 있는 것이 아니다. 역사의 현장은 복잡하게 얽힌 상황과 사람들의 모습이 겹치게 된다. 그러므로 배재학당은 역사적으로 다양한 것을 함께 살펴보아야 하는 역사의 현장이다. 실제로 배재학당은 우리나라 근대사에서 최초로 일컬어질 수 있는 것들이 많이 있는 곳이다. 그 중에서도 한국의 근대 문화가 형성되는 과정에서도 최초라고 할 수 있는 많은 것들이 남겨진 곳이다.

예를 들어서 배재학당은 교육과정을 통해서 서양의 문물과 스포츠를 전달했다. 또한 교육과정에서 필요한 교과서나 문서들을 만들어야 하는 데 그러한 일을 교내에서 함으로써 신문화를 창달하는 출발점이 되었다. 그러한 의미에서 배재학당이 있었던 곳에서 찾아보아야 할 것은 다양하다.

그 중에 눈이 띠는 것은 우리나라 출판문화를 선도했던 삼문(三文)출판사이다. 지금은 흔적을 찾아볼 수 없지만, 당시 몇 안 되는 인쇄소 가운데 하나를 1890년 배재학당 내에 만들었다. 이 보다 앞서 우리나라 최초의 인쇄소는 한성순보(漢城旬報)를 발행했던 박문국(博文局)이 조

선 정부가 1883년에 설치했었지만 1888년 문을 닫았다. 1884년에 민간 출판사인 광인사(廣印社)가 있었으며, 삼문출판사는 세 가지 문자로 인쇄할 수 있는 국내 유일의 출판사임과 동시에 인쇄소였다.

우리나라는 1372년에 발행된 직지(直旨)를 인쇄한 세계 최초의 금속활자가 있었고, 그 인쇄술 또한 자랑할 만하다. 하지만 그 인쇄술이 후대에까지 전해지지 못했으며, 근대에 와서도 제대로 된 한글 활판조차 갖고 있지 못했던 것이 현실이었다. 고려청자의 경우처럼 인쇄술 역시 그 기술이 이어지지 못한 결과 19세기말 우리나라의 인쇄 문화의 현실은 참담한 것이었다.

선교사들이 선교현장에서 제일 먼저 직면하게 된 것도 전도와 계몽을 위한 문서들을 만드는 것이었다. 아무런 인쇄시설이 없었던 당시에 선교사들은 한글 인쇄를 위해서는 무에서부터 창조하는 심정으로 모든 것을 준비해야 했다. 결국 1890년 미국 감리교회 선교부가 출판사 겸 인쇄소를 설립했다. 이것이 삼문(三文)출판사이다. 그 뜻은 한글, 한문, 영어 등 세 가지 언어로 출판한다는 의미로 붙인 이름이다.

올링거(1845~1919)

이 출판사는 아펜젤러의 주도 하에 1886년 올링거(F. Ohlinger) 선 교사가 출판사업의 필요성과 중요 성을 인지하고 배재학당 내에 출판 사를 만듦으로 시작되었는데, 당시 국내에서 여러 문자로 인쇄할 수 있 는 곳은 이곳밖에 없었다. 출판을 위한 시설이 한 두 곳이었던 당시로 써는 신기하고 놀라운 것이기도 했 다. 읽을거리가 없고 지식을 전달받 을 수 있는 다양한 교과서가 없었던 당시 출판사의 등장은 전혀 새로운 세계를 여는 것과 다르지 않았다.

또한 이 출판사는 특별한 의미를 갖고 운영되었다. 단지 선교사들 이 필요에 의해서 출판사를 만든 것 이상의 의미를 갖고 있었기 때문이 다. 당시 사회적 경제적 상황이 학교를 다닌다거나 자녀를 학교에 보낸다 는 것이 쉽지 않았다. 그 중에서도 경제적인 어려움으로 인해서 혹 학교 에 보내고 싶은 사람이 있다고 할지라도 감히 엄두를 내지 못했다. 따라 서 선교사들은 학교 내에 출판사를 만들고, 학생들이 그곳에서 일하면 서 학비와 생활비를 마련할 수 있도록 해주었다. 일거리를 만들어 준 셈 이다.

이 출판사는 배재학당 재학생들의 일자리이기도 했다. 출판사를 전 적으로 학생들의 근로에 의해서 운영하도록 했다. 학생들이 일하면서 공 부할 수 있는 길을 열어줌으로써 미래를 열어갈 수 있도록 한 것이다. 학 생들에게 출판사와 인쇄소는 일터이면서 동시에 교육의 장이었다. 이 일 터를 통해서 평등교육, 전인교육, 자립교육을 실천함으로써 민주주의 시 민의식을 가지게 했다.

한국기독교 역사 현장을 찾아서

또한 한국 기독교 초기의 문서들은 대부분 이곳에서 출판했다는 의미에서 문서선교의 산실이라고 할 수 있다. 다양한 형태의 전도용 문서들이 만들어졌으며, 한국 교회 신자들은 물론 선교사들이 읽어야 할 문서들도 이곳에서 만들어졌다. 예를 들어서 1892년부터 월간지인 <The Korean Repository>를 창간하여 1898년 12월 통권 60호까지 발행했다. 이것은 선교사들에게 한국을 이해하고 선교의 현장에서 유용하게 적용할 수 있는 소식과 지식을 전해주었다.

헐버트

1893년에 올링거가 귀국하고 이어서 헐버트(H. B. Helbert)가 맡아서 경영하게 되는 데, 1896년부터는 이곳에서 <독립신문>을 인쇄하기 시작했다. 이 신문은 우리나라 최초의 민간이 만든 신문이고 민족 계몽을 위한 신문으로서 의미를 더한다. 1897년부터는 한글로 된 최초의 기독교 신문인 <죠선 그리스도인회보>도 인쇄하여 초기 한국 교회의 역사와 상황을 오늘까지 전해주는 주요한 문서가 되었다. 삼문출판사는 1900년 벡크(S. A. Beck)가 인수하여 감리교출판사로 이름을 바꿨다. 1901년부터는 <The Korean

죠선 그리스도인회보,

Review>를 이곳에서 인쇄했다. 또한 감리교회 선교부가 세운 학교들의 교과서도 대부분 이 출판사에서 만들었다. 성경과 찬송가의 출판도 이 출판사의 역할이 컸다. 하지만 안타깝게도 이 출판사는 1910년 한일병탄과 함께 폐쇄되고 말았다.

이제는 그 흔적은 물론 그 존재감을 어디서도 찾을 수 없지만, 역사에서 결코 잊힐 수 없는 곳임은 분명하다.

독립신문사 새김돌

구한말, 조선이 붕괴하는 시점이고, 문화사적으로는 개항과 함께 서양문명이 들어오기 시작한 때다. 이러한 역사적 전환점에서 왕을 중심으로 하는 군주국가와 봉건주의 사회로부터 국민이 주권을 갖는 진정한 주권국가로 가는 길목에서 기독교가 한국 근대사에 미친 영향은 가히 절대적이라고 할 수 있을 만큼 컸다. 그 중에서도 기억하지 않으면 안 될 것이 협성회와 독립협회, 신간회로 이어지는 기독교 지도자들의 구국을 위한 계몽과 개혁운동은 특별했다. 그와 함께 계몽운동의 실질적 효과와 확산을 위해서 창간한 독립신문도 이곳 삼문출판사에서 인쇄를 했다.

그 중심에 서재필이 있었고, 독립협회와 함께 했던 이승만, 윤치호, 주시경 등은 배재학당 출신의 인사들이 있었다. 그들이 주로 이 신문의 주간을 맡으면서 시사, 과학, 사회개혁, 독립정신 등을 고취시키고자 하는 내용을 담는 데, 주로 계몽을 목적으로 하는 글들을 실어서 보급했다. 하지만 이 신문에 대한 의식이 많이 부족한 것도 사실이다. 단지 우리나라 최초의 민간 신문이라는 정도로 지나친다면, 이 신문이 갖는 역사적 가치를 제대로 인식하지 못하게 된다. 실제로 이 신문이 갖는 의미는 그 이상이기 때문이다.

독립협회와 함께 독립신문은 아직 조선이 일본에 의해서 식민지

독립신문사 사무실이 있었던 독일영사관 터
(현 시립미술관)

독립신문사 표지석

가 되기 전이라는 것을 생각하면 그 의미가 더 크다. 독립협회의 결성이 1896년이고 독립신문 창간도 1896년이니, 한일병탄이 1910년, 을사늑약이 1905년임을 생각하면, 이보다 적어도 10년과 14년 전에 독립이라는 단어가 들어간 단체와 신문을 만든 셈이다. 이것은 무슨 의미인가? 그들은 이미 국가의 미래를 보았다는 의미가 될 것이고, 이미 군주제의 조선은 소망이 없다는 것을 보았다는 의미 일 것이다. 물론 실제로는 청나라에 철저하게 의존하는 것으로 정권과 국가를 유지하는 것에 급급한 조선은 더 이상 주권국가로 보이지 않았기 때문에 조선은 주권국가로 분명한 독립국임을 선언하는 의미가 담겨있는 명칭이다.

그러니 독립협회를 구성한 이들은 국민이 주권을 갖는 국가로의 미래를 말하고 싶은 것이 아니었겠는가? 그러한 의미에서 초기 기독교 지도자들의 선견과 의식, 능력을 높이 보아야 할 것이다.

독립신문은 1896년 4월 7일에 창간된 우리나라 최초의 민간신문이다. 3면은 한글, 1면은 영문으로 된 4면지였고 격일간으로 발행했다. 창간은 서재필이 중심이 되었고, 독립협회의 기관지로 발행되었다. 1884년 갑신정변(박영효, 서광범, 서재필, 김옥균)의 실패와 함께 망명했던 서재필은 1895년에 귀국하여 조선에도 신문이 있어야 한다는 생각을 하고 국민을 계몽하는 도구로 신문이 효과적이라고 생각하여 유길준과 박정양등 뜻을 같이하는 이들과 힘을 모아 창간을 준비했다. 그의 뜻을 적극 도왔던 사람은 윤치호였고, 자금은 박영효와 박정양 등이 힘을 보탰다.

좌로부터 박영효, 서광범, 서재필, 김옥균

1897년 1월 5일부터는 영문판을 분리해서 각각 4면지의 신문을 발행했다. 1898년 7월 1일부터는 한글판은 일간지로 영문판은 격일간지로 발행했다. 영문판은 1898년 1월 29일을 마지막으로 휴간했으며, 1899년 6월 8일부터는 주간으로 속간하여 발행했다.

필진은 유길준, 윤치호, 이상재, 주시경 등이 주로 기고했다. 이들은 유길준 외에 모두 그리스도인이었다. 그 중 이상재는 이후에 개종을 했다. 1898년 5월 서재필이 망명한 후에는 윤치호가 맡아서 발행했고, 1899년 1월부터는 윤치호가 물러나고 선교사인 아펜젤러가 맡았다. 그러나 그의 수고는 잠시였고, 그해 6월부터는 영국인 엠벌리(W. H. Emberley)가 맡아서 운영을 했다. 그러나 그도 얼마가지 못하고 1899년 12월 4일 독립협회가 강제 해산되면서 신문도 폐간되고 말았다. 이 신문은 최초의 순 한글신문이면서 동시에 영자신문이었다. 현재 우리나라의 신문의 날은 바로 독립신문을 창간한 4월 7일을 1957년 신문의 날로 제정하여 지금까지 지키고 있다.

그러면 정동 어디서 독립신문을 발행했던 곳일까? 독립신문사가 위치했던 사무실이 어디인지? 독립신문사 사무실이 있었던 곳은 현재 시립미술관 앞 공원터와 신아빌딩이 자리하고 있는 터에 있었던 것으로 알려지고 있다. 그곳은 조선정부가 1886년 9월에 설립한 육영공원(근대 교육기관)이 있었고, 1891년 육영공원이 수송동으로 이전했으며, 그 자리에 독일영사관이 입주했다. 그러나 독일영사관도 1902년 남창동으로 이전하게 되는 데, 바로 이 영사관 자리에 독립신문사 사무실이 있었다고 시립박물관 공원에 세워진 표지판이 알려주고 있다. 다만 그 신문을 인쇄한 곳은 여기 삼문출판사인 것은 분명하기에 그 자리에 이 표지석이 세워져 있다.

아펜젤러기념공원

독립신문사 터를 알려주는 표지석이 있는 공간 끝에는 '아펜젤러기념공원'이라는 커다란 표지석이 세워졌다. 사실 이것은 이 자리에 없었다. 근년에 이 공간을 일반인들이 이용할 수 있는 곳으로 개방할 바에야 공공의 공간으로 인식되는 것이 좋겠다는 생각으로 공원이라는 표지석을 만든 것이 아닐지. 더불어서 이곳이 선교사 아펜젤러에 의해서 설립된 배재학당이 있었던 곳이며, 동시에 아펜젤러를 기억하도록 하는 여러 가지 목적을 담아서 만들어진 것이리라.

이 표지석이 서 있는 앞길은 한양도성이 있었던 곳이다. 이 길을 따라서 고개를 인왕산 방향으로 돌리면 경찰들이 경비를 서고 있는 초소가 보인다. 러시아대사관 후문이다. 그 초소로 이어지는 길이 한양도성이다. 그 너머로 보이는 이화여고 교정은 성곽이었음을 확인할 수 있게 한다. 그러니까, 이화학당은 한양도성 위에 세워졌고, JP모간은행 서울지점과 러시아대사관이 있는 자리는 사실상 감리교회 선교사들이 살던 집터였던 곳이다.

정동의 초기 선교사들의 족적을 찾아보면서 당시 형성되었던 기독교회의 역할도 함께 알 수 있게 되는 것은 자연스럽다. 다만 초기 한국기독교회의 지도자들이 남긴 귀한 유산 가운데 하나인 독립신문사가 있었던 곳조차 알고 있는 사람들이 적다는 것은 아쉬운 일이다.

서재필

독립신문사를 찾아보았으니 서재필을 그냥 지나칠 수 없다는 생각이다. 독립신문의 창간은 한국 근대사에서 중요한 위치에 있는 만큼 서재필에 대한 이해가 동반되어야 하겠지만 현실은 그렇지만도 않은 것 같다. 특히 기독교계의 무관심이 크지 않나 하는 생각이다. 2003년 그의 기념관이 외가(外家)가 있는 보성에 세워진다는 소식을 접하고 일부러 찾아갔을 때, 아직 미완성이긴 했어도 어디에도 그가 기독교도였음을 설명하는 곳이 없다는 사실에 아쉬웠다. 그것은 기독교가 그와 역사에 대한 관심이 상대적으로 없다는 것을 반증하는 것이 아닐까 하는 생각을 할 수밖에 없었다.

　서재필은 1864년 1월 7일 외가인 전남 보성에서 태어났다. 조선이 몰락하는 시대에 태어나서 격변기를 경험하면서 국가의 미래가 보이지 않음을 깨달았다. 또한 그의 당숙 서광범도 조선의 미래가 없음을 깨닫고 개화파 정치인으로 활동하고 있었기에, 아마 그의 영향이 그에게 미친 것이 아닐까? 서재필은 자연스럽게 개화의식을 형성하게 되었고, 1882년 별시 문과에 급제하면서 나라를 위해서 해야 할 것이 무엇인지를 생각하게 되었다.

　이듬해인 1883년 개화파 정치인인 김옥균의 권유로 일본 동경에 있는 도야마(戶山)육군학교에 입학하여 신지식과 군사교육을 받으면서 개화를 통한 국가의 미래를 위한 꿈을 꾸게 되었다. 비록 짧은 기간이지만 당시로서는 일본에서 새로운 세계를 경험하면서 배운 것들은 그에게 조선의 미래를 위해서 자신이 해야 할 것이 무엇인지 확신을 갖게 했다. 일본에서 잠시의 경험은 그의 시야를 넓히는 데 큰 도움이 되었다. 또한 그가 해야 할 일이 무엇인지 확신을 가지게 했다.

　따라서 귀국한 후 그는 1884년 12월 4일 그의 당숙인 서광범을 비

롯한 홍영식, 김옥균, 박영효 등 당시 개화파 지도자과 함께 갑신정변을 일으켰다. 그는 고종을 호위하면서 수구파 인사들을 제거하는 일을 맡았다. 그러나 거사는 실패로 끝났고 그는 망명의 길을 떠나야 했다.

미국으로 망명한 그는 영어공부와 함께 서양 학문에 심취하여서 더 넓은 세계와 학문을 연마해 갔다. 긴 시간 동안 공부에 몰두하여 1894년 조지워싱턴대학교 의과대학을 졸업하고 우리나라 사람으로서 최초 의사가 되었다. 그러는 동안 조선의 정치적 상황이 많이 바뀌게 되어 의사가 된 후 1895년 12월에 귀국했다.

즉 1895년 5월 박정양 내각이 만들어지고 박영효가 내각을 주도하면서 개화파 동지인 서재필을 외무협판으로 임명하여 함께하기를 원했기 때문이다. 박영효는 서재필의 귀국을 종용하다가 결국 직접 미국을 방문하여 귀국을 권유했다. 귀국한 후 1896년 그는 민중의 개화를 통해서 조선의 미래를 만들어 가자는 뜻을 모아 기독교 지도자들과 일부 개화파 관료들과 함께 독립협회를 만들었다. 즉 이승만, 윤치호, 남궁억 등과 함께 독립협회를 만들어 다양한 형태의 계몽운동을 전개했다. 이 과정에서 1896년 4월 7일에 독립신문을 창간했고, 1897년 11월 20일에 영은문을 헐고 독립문을 세움으로써 조선이 자주독립국임을 천명하고 동시에 염원하는 뜻을 천하에 알렸다.

이러한 서재필의 활동은 수구파 정치인들에게는 큰 걸림돌이었다. 결국 1898년 5월 14일 서재필은 다시 미국으로 망명을 해야 했다. 그것은 독립협회에 대한 조선정부의 탄압 때문이었다. 수구파 정치세력들이 자신들의 기득권을 확보하기 위해서 독립협회를 강제해산시키면서 동시에 그 지도자들을 구속 수감시켰기 때문에 그는 다시 망명길에 올라야 했다.

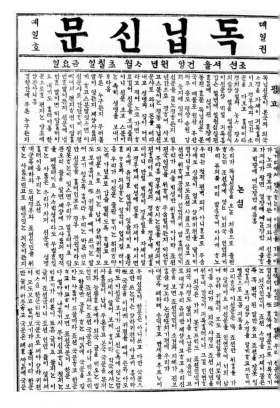

독립신문 제1호
(편집:서재필, 주시경, 호머 헐버트)

그는 미국에서 계속되는 망명생활로는 만족할 수 없었다. 조국이 완전히 일본의 식민지가 되었기 때문에 진정한 독립 국가를 만들기 위해서 할 수 있는 일이 무엇인지를 생각하면서 미국에서 독립운동을 주도하지 않을 수 없었다. 이러한 그의 활동은 재미한인전체회의 외교고문이 되었고, 1919년 4월 25일에는

Korea Review

상해 임시정부의 외교고문으로 추대되기도 했다. 그는 미국에서 '한국평론'(Korea Review)이라는 월간지를 발행하여 조선의 독립을 위한 홍보를 했다.

비록 이국땅에서 이지만 그의 조국에 대한 사랑과 독립을 위한 간절한 마음은 한결같았다. 그렇게 조선의 독립을 위해 일을 하던 중 1945년 조국이 해방되었다는 소식과 함께 미군정의 특별 의정관으로 추대되면서 1947년 7월 1일에 귀국했다. 하지만 참담한 조국의 현실은 그에게 아픔을 더하는 것이었다. 독립과 함께 이념 투쟁을 해야 하는 정치적, 사회적 현실을 목도하면서 조국의 미래는 여전히 보이지 않았다. 좌와 우로 나뉜 국민적 갈등은 해방 이후의 미래를 가늠할 수 없는 상태로 몰아갔다.

그는 조국에 왔지만 그가 할 수 있는 역할의 한계를 느끼면서 1년 남짓한 생활을 하다가가 1948년 9월 11일 대한민국 건국을 보는 것으로 만족하고 미국으로 돌아갔다. 그리고 조국에서는 민족상잔인 6·25전쟁이 일어남으로 최악의 상태가 전 세계에 전해지면서 그 역시 조국의 아픔을 온몸으로 괴로워하다가 전쟁 중인 1951년 1월 3일 미국에서 별세의 길을 갔다.

스크랜턴과 시병원(施病院) 터(정동 34-1)

현재 정동에 시병원은 없다. 하지만 당시 시병원은 서울 장안에서 제중원외에 또 하나의 병원이었다. 다만 제중원은 왕립병원이었고 시병원은 스크랜턴 선교사가 자신의 집에서 개원한 개인 병원이었다. 그리고 그 터는 지금 정동제일교회가 있는 곳이다.

일반적으로 감리교회 선교사로 최초에 조선에 온 사람은 아펜젤러로 알고 있다. 아펜젤러가 1885년 4월 5일에 제물포에 도착했으니, 그것

은 틀리지 않은 사실이다. 하지만 그는 서울에 입경하지 못한 채 제물포에 머물다가 다시 일본으로 돌아갔다가 후에 돌아와 입경했기 때문에 실제로는 스크랜턴이 아펜젤러보다 먼저 와서 사역을 시작했다. 스크랜턴은 아펜젤러보다 약 한 달쯤 후인 5월 3일에 제물포에 도착해서 바로 입경했으므로 서울에서 사역을 시작한 것은 아펜젤러가 아니라 스크랜턴이 먼저이다. 실제로 아펜젤러가 서울에 입경한 것은 같은 해 7월 29일이었으니 3개월 가깝게 늦게 서울에 도착한 셈이다.

같은 의미에서 북감리교회 선교부가 정동에 터를 잡은 것도 아펜젤러에 의해서가 아니라 먼저 입경한 스크랜턴에 의해이다. 자연히 나중에 입경한 아펜젤러는 이미 스크랜턴이 자리를 잡고 있는 곳에 합류하는 형식이 될 수밖에 없었다. 마찬가지로 현재의 정동교회 터가 아펜젤러에 의해서 마련된 것을 생각하기 쉽지만 사실은 스크랜턴에 의해서 준비되었다고 할 수 있다. 물론 아펜젤러가 입경한 후 스크랜턴이 마련한 집을 중심으로 해서 활동을 하면서 사역에 필요한 터를 구입하는 과정들이 있었다. 즉 후에 입국한 아펜젤러는 성벽쪽에 있는 집을 사용했고, 현재 정동교회가 자리하고 있는 동쪽집은 스크랜턴이 사용하면서 정동 32번지(이화학당) 일대의 언덕을 10월에 사들여서 한국 최초의 여성교육의 근거지를 마련했다.

스크랜턴이 서울에 입경했을 때는 이미 북장로교회의 선교사인 알렌이 왕립병원인 제중원에서 일을 하고 있었다. 따라서 자연스럽게, 그리고 사역에 대한 고민을 할 것도 없이 제중원에서 알렌과 함께 사역을 시작할 수 있었다. 비록 소속 선교부는 달랐지만 의사 신분으로 조선을 찾은 스크랜턴은 자신이 해야 할 일을 쉽게 찾을 수 있었다. 당시 조선의 정치적, 사회적 환경이 매우 열악하고 혼란한 상태였기 때문에 외국인이 새로운 일을 한다는 것이 결코 녹록하지 않았다. 그러한 의미에서 스크랜턴은 오히려 쉽게 사역의 길을 열어갈 수 있었다고 할 수 있다.

그러나 당시 제중원 운영과 관련해서 내막을 알고 난 후 이내 제중원에서의 일을 그만두었다. 그것은 왕립병원이라는 특성상 선교병원으로 일할 수 없다는 현실 때문이다. 그 후 미국공사관의 주선으로 정동에 가옥 두 채가 딸린 1800평의 대지를 구입했는데, 그것이 현재 정동제일교회의 터가 되었고, 이후 북감리교회의 선교거점이 되었다. 이 부지를 중심으로 스크랜턴은 자신이 의사로서 병원을 운영할 계획을 했고, 이곳에는 시(施)병원과 현재 정동교회 100주년기념예배당 뒤편에 보구여관(普救女館)이라고 하는

제중원과 알렌

보구여관

여성전문병원을 개원하여 운영했다. 그러
한 의미에서 시병원은 조선 최초의 민간인
병원이고, 보구여관은 역시 조선 최초의
여성전문병원이라고 할 수 있다.

　　시병원은 스크랜턴의 한글 이름 시란
돈(施蘭敦)의 시(施)자를 이니셜로 한 것
으로 고종이 직접 지어준 이름이라고 한
다. 그것은 베푸는 병원이라는 의미인데,
이 시병원(施病院, Universal Hospital)은 제중원 일을 그만두고 1885년
9월 10일 스크랜턴 자신의 집에서 진료를 시작하면서 활동을 하다가 이
듬해인 1886년 6월 15일 그의 집 동쪽에 붙어있는 집을 구입해서 개조하
여 정식으로 병원을 개원했다. 즉 현재의 정동제일교회 벧엘예배당 마당
에 있던 집을 사들여 스크랜턴이 이 집을 5개의 병실이 있는 건물로 개
조하여 1886년 6월 15일에 개원한 병원이다. 처음에는 정동병원이라고
불렀으나 1887년 3월 경 부터 시병원이라는 이름을 정식으로 하사받아
서 사용했다. 한편 보구여관은 후에 동대문병원과 합병하였고, 그 역사
는 현재 이화여자대학교 부속병원으로 이어지고 있다.

스크랜턴은 시병원을 개원해서 많은 환자들을 치료하면서 성공적으로 정착했다. 그만큼 정동이라는 지리적 환경은 그가 이곳에서 병원을 통해서 사역하기에 매우 유리했다. 정동은 고종이 정궁으로 삼은 덕수궁과 이웃한 경희궁, 그리고 각국 영사관까지 있는 곳이기 때문에 조선에서 가장 안정된 곳이고, 가장 문명한 곳이며, 외국인에게는 신변안전까지 보장되는 곳이었다.

그러나 스크랜턴은 안주하는 것을 거부하고 정동 밖으로 눈을 돌렸다. 왜냐하면 그가 발견한 성 외곽에 버려져 죽어가는 환자들이 있었기 때문이다. 즉 당시 성내에서 전염병이 창궐하면서 환자들을 성 밖으로 쫓아내서 움막이나 거적때기를 걸쳐놓고 죽을 날을 기다리고 있는 사람들이 즐비했다. 그들을 거둘 수 있는 사람도 환경도 아니었다. 그러다가 회복된 사람은 다시 들어올 수 있지만 그곳에서 죽으면 장례도 치르지 못한다. 처참한 현장이 성 밖의 현실이었다.

또 다른 이유는 정동이 황제가 거는 곳이고, 영사관들이 있고 외국인들이 살고 있는 곳이기 때문에 조선의 일반인들, 그중에서도 환자들이 정동을 치료를 목적으로 찾아오는 것이 쉽지 않았기 때문에 병원을 정동에서 계속해야 하나 하는 생각을 하게 되었다. 그리고 스크랜턴은 1892년부터 정동의 시병원을 옮기기 위한 일을 준비했다. 그는 스스로를 선한 사마리아인을 자처하면서 환자들이 있는 곳으로 찾아가기를

스크랜턴 가족

원했기 때문에 병원을 환자들이 쉽게 접할 수 있는 곳으로 옮길 것을 결정했다.

1888년 애오개(아현동고개), 1890년 남대문, 1892년 동대문에 각각 시약소(施藥所)를 설치하고, 그곳들을 순회하면서 진료와 처방을 했다. 그리고 정동에 있는 시병원은 1895년 남대문(상동)으로 옮김으로써 정동시대는 끝이 났고 주력 병원의 개념이 상동으로 옮겨지기는 했지만 대형병원으로 성장하지 못했다. 그가 시약소를 설치한 곳들은 모두 장안에서 가장 소외된 곳이고, 바로 성 밖으로 연결되는 곳으로서 버려진 환자들을 접촉할 수 있는 곳이라는 공통점을 가지고 있었다. 남대문은 성 안이지만 가장 서민들이 모여드는 곳이었다.

그렇다고 스크랜턴은 단지 질병을 치료하는 것을 목적으로 하지 않았다. 그가 궁극적으로 생각하는 것은 복음을 전하는 것이고, 영혼을 구원하는 것이었기 때문에 의료 선교사들을 본국에 요청할 때에도 단순히 의료인이 아니라 의료인으로서 자격이 있음은 물론이고, 복음을 전할 수 있고, 복음을 전하는 것에 사명을 가진 사람을 요청했다. 그만큼 그는 진료를 목적으로 병원을 운영한 것이 아니고, 복음전도를 목적으로 했다. 따라서 애오개시약소에는 안현교회, 남대문시약소에는 상동교회, 동대문시약소에는 동대문교회가 각각 세워져서 현재까지 역사를 잇고 있다. 이것은 그가 어떤 인물이었는지를 기억하게 한다.

스크랜턴은 1856년 미국 코네티컷주에서 태어나서 1878년 예일대학교, 1882년 뉴욕의과대학교(현 컬럼비아의과대학)를 각각 졸업했다. 의과대학을 졸업한 후 루리 암스(Loulie W. Arms)와 결혼하고 오하이오의 클리브랜드(Cleveland)에서 병원을 개원하여 2년간 병원을 운영하다가 1884년 12월 북감리교회 해외선교부의 요청으로 조선의 선교사로 지원하게 되었다. 이듬해인 1885년 2월 3일 미국에서 일본으로 가는 배를 타고 조선을 향해서 떠났다.

일본 고베에 있는 성공회교회와 스크랜턴의 묘지와 살던 집(위),
명패와 성당내부 사진(아래)

한국기독교 역사 현장을 찾아서

이때 그는 혼자가 아니었다. 같은 북감리교회의 선교사인 아펜젤러와 동승하였으나 그는 어머니와 아내를 동반한 상태인지라 조선에 입국하는 것에 대해서 많은 망설임과 시기적으로 좋지 않다는 주변의 권면이 있었다. 따라서 일본에서 조선에 입국하는 것은 아펜젤러 부부만 감행함으로써 결국 조선에는 아펜젤러가 4월 5일에 먼저 입국했다. 하지만 아펜젤러는 제물포에서 발목이 잡혔다. 서양인이 조선에 입국하는 것이 어렵기도 하지만 여자는 더 어렵다는 주변의 권면, 특히 알렌 선교사의 조언은 아펜젤러로 하여금 서울에 입경하는 것을 포기하게 만들었다.

반면에 일본에 떨어져서 기회를 엿보던 스크랜턴은 5월 3일 입국해서 서울까지 들어왔다. 이렇게 해서 스크랜턴은 감리교회 선교사로서 서울에 제일 먼저 입경한 사람이고 당연히 사역도 제일 먼저 시작한 사람이 되었다. 결과적으로는 일본에서 한 달 늦게 출발한 스크랜턴이 먼저 서울에 도착했고, 먼저 도착한 만큼 북감리교회의 선교는 스크랜턴에 의해서 시작되었다.

그러나 조선에서의 사역 과정에서 스크랜턴은 친일적인 입장이 강한 당시 북감리교회의 일본주재 해리스(M. C. Harris)라고 하는 조일연회(朝日年會)의 감독과 충돌하는 일이 잦았다. 결국 그는 1907년 선교사직과 목사를 사임하고 성공회교회로 교적을 옮겼다. 그 후 중국의 대련에 가서 잠시 머물기도 했고, 국내에서는 서울에서 요양원을 개원해서 활동했다. 그러다가 1917년에 일본으로 건너가 활동하다가 1922년 교통사고 후유증으로 고베에서 별세했고, 그의 무덤은 고베(神戶)의 로고산(六甲山)에 있는 외국인묘역에 있다.

옛 선교사 정착지 지도
(1890년 기포드 선교사가 그린 북장로교 선교부 배치도)

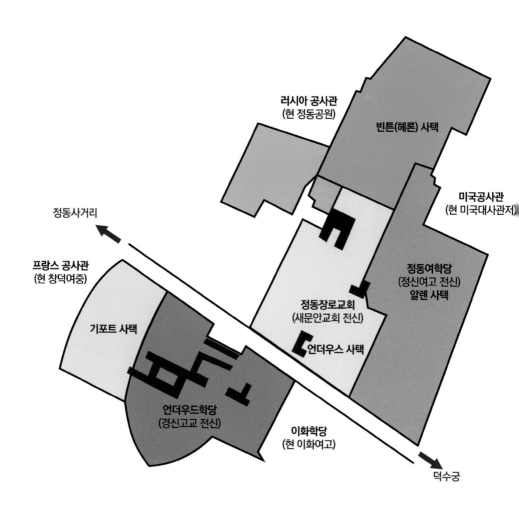

러시아 공사관
(현 정동공원)

빈튼(헤론) 사택

미국공사관
(현 미국대사관저)

정동사거리

프랑스 공사관
(현 창덕여중)

기포트 사택

정동장로교회
(새문안교회 전신)

정동여학당
(정신여고 전신)
알렌 사택

언더우스 사택

언더우드학당
(경신고교 전신)

이화학당
(현 이화여고)

덕수궁

1890년 북장로회 정동 선교

한국기독교 역사 현장을 찾아서

정동제일교회(정동34-3)

　정동을 찾아가면 그 중심에 있는 것이 정동제일교회이다. 이 교회를 중심으로 정동길을 걸으면서 찾아보는 것은 19세기말 선교사들이 들어와서 이 지역에 자리를 잡고 살았던 모습과 그들이 했던 일들을 만날수 있다. 시청 쪽에서 덕수궁 대한문 옆을 돌아 돌담을 따라서 정동으로

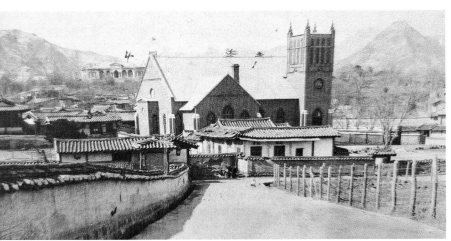

위로부터
정동교회 초기 예배당과
예배당 내부,
아펜젤러 가족

들어가면 만나게 되는 정동제일교회가 있는 곳을 기준으로 오른쪽은 미국 북장로교회 선교사들이 자리 잡은 곳이었고, 정동교회가 있는 왼쪽은 미국 북감리교회 선교사들이 자리를 잡았던 곳이다.

정동제일교회는 1885년 10월 11일을 창립일로 지키고 있다. 이것은 아펜젤러가 선교사들과 함께 예배를 하던 중 최초로 성찬식을 행한 날이다. 창립일을 언제로 할 것인가 하는 문제는 현재도 정립이 되지 않아서 혼란스럽다. 경우에 따라서는 이것이 교회간의 역사에 대한 분쟁 요소가 되기도 한다. 현재 한국의 최초 감리교회가 어느 교회인가를 놓고 설왕설래하는 것도 그 원인이니 창립에 대한 정확한 기준을 공유하지 못하고 있기 때문이다. 그런데 정동제일교회는 최초의 성찬식이 있었던 날을 교회의 시작으로 본다는 것이다. 어떻든 이것은 이 교회가 갖고 있는 기준이다.

정동제일교회가 처음부터 현재의 위치에 계속 있었던 것은 아니다. 아펜젤러가 제물포에 입국했다가 일본(나가사키)으로 일단 철수했었다. 다시 조선에 입국해서 1885년 7월 29일 서울에 입경하여 예배를 드리면서 한국인들을 함께 하기 원했다. 하지만 포교가 허락되지 않은 당시의 상황에서는 조선인이 예배에 참석하는 것은 불가능했다. 뿐만 아니라 사회적 정서도 남녀와 신분이 다른 사람들이 함께할 수 없는 상황이었기 때문에 함께 예배하는 것은 더욱 불가능했다. 따라서 후에 예배가 가능해졌을 때에도 여자는 이화학당에서 남자는 아펜젤러의 집이나 배재학당 강당에서 예배를 드리기 시작한 것이 정동제일교회의 출발이다.

초기에는 일정하게 정해진 장소가 없었기 때문에 간판을 붙이고 예배를 했다기보다는 상황에 따라서 옮겨 다니면서 예배를 드렸다. 그러다가 1887년 9월에 한옥을 한 채 구입을 하여 그곳을 예배처소로 사용하게 되었다. 그것은 이곳이 아닌 현재 소공동 한국은행 뒤편에 위치한 곳인 데, 그곳의 한옥에 처음으로 벧엘예배당이라는 간판을 붙인 것이 공

현 벧엘예배당

식적인 교회명이었다. 이 때 사용한 벧엘교회라고 하는 이름은 정동에 예배당을 새롭게 지은 다음에도 그대로 사용하면서 역사를 이어왔다. 하지만 이듬해인 1888년 4월 28일 조선정부는 느슨해진 포교금지령을 다시 확인하면서 강력하게 단속을 했기 때문에 일시적으로 예배당을 폐쇄하기도 했다.

현재 정동에 있는 구 예배당은 여전히 벧엘예배당이라고 부르고 있다. 이 예배당은 1895년 9월 9일에 정초식을 갖고 건축을 시작했다. 서울 장안에 서양식 예배당이 지어지는 것이 신기할 정도로 여겨지던 시대에 예배당 건축은 화젯거리가 되지 않을 수 없었다. 이 정초식에는 북장로교회 선교사인 언더우드를 비롯해서 조선정부의 법무대신 서광범, 외무협판이었던 윤치호도 참석했다. 건축을 시작한지 2년 3개월이 지난 1897년 12월 26일에 헌당예배를 드림으로 예배당이 완공되었다.

이 예배당은 1895년(고종32년)에 착공하여 1897년(광무1년) 10월에 완공하고 12월에 봉헌식을 한 우리나라 최초의 기독교 예배당이

교회 간판 및 정초석

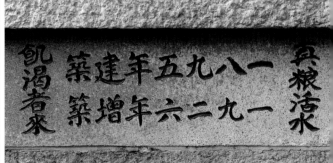

다. 이 건물은 일본인 요시자와(吉澤友太良)가 설계했고, 감독은 맥길 (William B. McGill)선교사가, 시공은 한국인 심의석(沈宜碩)이 했다. 그러나 이 건물은 독자적인 설계에 의한 것은 아니다. 미국 북감리교회의 교회확장국에서 모범 설계도(1894년 판) 중에서 25번 도안을 선택한 것이며, 이 예배당은 당시 미국 동부지역에서 유행하던 전형적인 조지안 고딕양식(Georgian Gothic Style)의 건물이다.

이렇게 지어진 예배당은 늘어나는 신자들을 수용할 수 없는 지경이 되어 1916년 북쪽 벽면을 헐고 증축을 했으며, 다시 10년이 지난 1926년에는 남쪽 벽을 헐고 증축을 하면서 종각도 세웠다. 그러니까 본래의 정문이 있던 쪽과 종각은 이때 새롭게 만들어져서 지금까지 정동제일교회의 상징적인 예배당 건물로 그 모습을 유지하고 있다. 현재에도 새벽기도회나 수요기도회, 그리고 청년들 모임과 결혼식을 비롯한 행사를 대부분 이 예배당에서 거행되는 것은 그만큼 이 예배당이 갖고 있는 역사적인 의미와 분위기가 크게 작용하기 때문일 것이다.

예배당은 근사하게 마련했지만 처음부터 지금과 같은 공적인 예배를 드릴 수 있었던 것은 아니다. 그것은 당시 사회적 인식이 아직 전통적인 것이었기 때문에 이 예배당에서 남녀가 함께 예배는 했지만 중앙에 휘장을 치고 예배를 드려야 했다. 예배당에서 휘장을 걷어낼 수 있게 된 것은 1910년 말에 와서다. 이러한 현상은 이 교회만의 것이 아니라 한국교회 초기 역사에 대부분 등장하는 일들이었다.

한편 정동제일교회가 서울 장안에서 성장하면서 지교회를 세운 것은 1906년 창천교회와 서강교회, 1907년에 마포교회와 염창교회, 1909년 이태원교회, 1910년 만리현교회를 연이어 세워갔다. 이것은 당시 서울에서 늘어나는 기독교 신자가 많았음을 알 수 있게 한다. 이 시기가 특별히 1905년 을사늑약이 강제로 체결된 후 이어지는 역사라는 데 관심을 갖고 본다면 국가적으로 절망에 직면해 있던 당시 국민들의 위기의식이 반영된 것이 아닐까 하는 생각이다. 따라서 다시 살펴보게 되겠지만,

한국기독교 역사 현장을 찾아서

1919년 3·1독립만세운동이 일어났을 때 정동제일교회는 그 중심에 있어야 했다. 당시 담임목사였던 이필주와 박동완 전도사는 민족대표로 독립만세운동을 이끌었다.

벧엘예배당은 1977년 11월 22일 문화재로 지정을 받아 현재의 상태를 유지하고 있다.

최병헌(崔炳憲, 1858~1927)

정동제일교회 앞마당에는 몇 개의 비석과 흉상들이 세워져있다. 그 중에 하나가 최병헌 목사의 것이다. 그는 한국인으로서 정동제일교회의 3대 담임목사로 시무했다. 따라서 정동교회는 물론이고 한국감리교회가 그를 기억하고자 하여 그의 흉상을 세웠다. 최근에는 그의 고향인 제천을 중심으로 해서 기념사업회가 발족이 돼서 움직이고 있는 것으로 전해지고 있다.

정동제일교회 마당 전경

그의 유년기는 고향인 제 감리교회 선교50주년기념비
천에서 보냈다. 그는 20대 초반
까지 고향에서 동양의 고전들
을 공부하면서 한학을 통한 인
격적인 소양을 쌓았다. 24세
때 상경하여 일시 배재학당에
서 한문을 가르쳤으며, 관립어
학교에서 한문교관으로 가르
치는 일을 하기도 했다. 그에
게 있어서 선교사들과의 만남
은 자연스럽게 복음을 접하는
계기가 되었다. 1888년 아펜젤
러에게 복음을 전해 듣고 개
종한 후 1893년 같은 감리교
회 선교사인 존슨에게 세례를
받았다. 1896년 배재학당에서
'협성회'를 조직하고 서재필을
중심으로 독립협회를 조직할
때에는 핵심 멤버로 동참했다.

한학자인 그는 기독교를 접하게 되면서 아펜젤러와 존슨 선교사로
부터 한문성경을 얻어 100일 동안 기도를 하면서 심도 있게 읽었다. 세례
를 받고 정동제일교회에 출석을 하기는 했지만 그가 완전하게 기독교에
귀의하기까지는 상당한 시간이 필요했다. 상당한 지식을 갖고 있는 그로
서는 단순한 개종의 문제가 아니라, 개종과 더불어 그의 앞에 주어질 상
황들에 대해서 생각할 때 버거운 것이 사실이기 때문이다. 따라서 그는
입교를 쉽게 하지 못했다. 지식인으로서 당시의 사회적 변화에 적응한다
는 것은 쉽지 않았던 것 같다. 그러면서도 현실적인 문제를 판단할 때 기
독교만이 대안이라는 답을 찾아가기 시작했다.

한국기독교 역사 현장을 찾아서

그의 지식이 탁월한 것을 안 선교사들은 그에게 남다른 일을 부탁했다. 그것은 성경을 우리말로 번역하는 것이었다. 하여 짧은 기간이지만 1898~1900년까지 성경번역에도 동참했다. 또한 당시 기독교 지도자들이 중심이 돼서 만든 협성회와 독립협회에 가입해서 사회개혁과 조선의 미래를 걱정하는 가운데 지도적인 역할을 했다. 그 과정에서 <제국신문>과 같은 언론 매체를 통해서 정치적 사회적 계몽을 위한 글들을 쓰기도 했다.

최병헌 목사 흉상

그는 선교사들이 운영하는 신학반에 들어가서 공부를 하여 1902년에 목사 안수를 받았다. 그는 한국감리교회 목사로 임직을 받았고 설교를 할 수 있게 되었다. 그런데 그해 아펜젤러선교사가 갑작스러운 해난 사고로 별세함으로써 정동제일교회에 담임목사가 필요하게 되었다. 이듬해인 1903년 정동제일교회의 담임목사로 청빙을 받았다. 그가 한국인으로서 정동제일교회 담임목사가 된 것은 최초의 일이고, 동시에 감리교회의 상징적인 교회인 정동제일교회의 최초 한인 목사가 되었다는 의미가 있다. 그 후 이 교회에서 1914년까지 11년간 목회를 했다. 또한 정동제일교회에서 목회를 하는 동안 상당한 분량의 책을 집필했다.

그의 대표적인 저술인 성산명경(聖山明鏡)은 목회하던 시절에 쓴

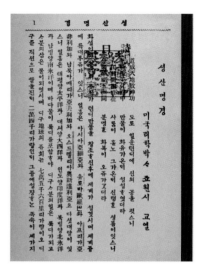

것으로 한국 종교학에 있어서 고전이라고 할 수 있는 저술이다. 이렇게 저술과 동시에 당시 선교부에서 발행하고 있던 <신학월보>에 기독교 신앙의 기본을 가르치는 글과 비교종교학적인 차원에서 다른 종교를 이해할 수 있는 내용의 글들을 기고했다. 즉 '성산유람기' '죄의 도리' '사교교략' '예수 · 천주 양교의 변론' 등과 같은 주제로 독자들에게 기독교를 이해할 수 있도록 했다. 또한 국민이 무지한 상태였기 때문에 각종 계몽을 위한 글들을 연재하면서 그의 지식과 필력을 유감없이 발휘했다.

　　그의 사역은 정동제일교회를 섬기는 것만이 아니라 요즘으로 말하면 도서관격인 <서적 종람소>를 개설해서 지역민들이 책을 읽을 수 있도록 했다. 처음에 그는 종로(옛 종로서적 址)에 <대동서시>라고 하는 우리나라 최초의 기독교서점에서 일하기도 했다. 이 서점은 선교사들이 종로로 진출하기 위해서 만들었던 것인데, 그 관리를 최병헌에게 맡겼었다. 이 서점은 일반서적을 포함해서 판매를 기본으로 했지만 도서관처럼 사지 않고도 읽고 갈 수 있도록 운영했다. 이곳을 섬기면서 종로에 있는 중앙감리교회의 전신인 공동체가 이 서점을 중심으로 만들어졌기 때문에 이 공동체를 관리하는 역할도 일시 감당했다. 종로로 진출하면서 그는 이상재, 윤치호와 함께 YMCA운동에 동참하였다. 그것이 인연이 되어서 조선의 기독교 청년운동에도 기여한바 그의 역할이 컸다.

1922년 감리교회 목사직을 은퇴했다. 은퇴한 후 그는 협성신학교에서 동양사상과 비교종교론 등을 강의하면서 그의 깨달음을 후배들에게 나눴다. 그의 박식한 한학 지식을 통해서 동양사상과 종교를 이해하는 데 많은 기여를 했다. 특별히 그러한 그의 관심과 노력은 한국신학의 토착화 길을 열었다는 점에서 신학적 공헌한 바가 크다고 할 수 있다. 그것도 한국인이 신학을 이해하고 한국 종교를 이해하여 토착화의 이론을 제시했다는 것은 그의 탁월한 학문적인 능력을 인정하게 된다. 하지만 반대로 토착화로 인해서 동반되는 문제들이 있음도 돌아보아야 하는 것은 후세의 몫이다.

이필주(李弼柱)목사(1869~1932)

정동제일교회 뜰에는 흉상 대신 서 있는 간판이 하나 있다. 그것은 이 교회 담임목사였고 1919년 3·1독립만세운동 당시 민족대표 중의 한 사람이었던 이필주 목사의 사택터를 알려주는 안내판이다. 그는 교회로서도 기억해야 할 인물이지만, 국가적으로도 잊어서는 안 될 민족의 지도자다. 하지만 민족대표 33인의 개념조차 잊혀져가는 현실에서 그를 여기서 만나는 것은 새롭기만 하다.

이필주 목사

또한 아펜젤러와 최병헌의 흉상은 있는 데 이필주 목사의 경우는 흉상은 없고, 굳이 집터를 알려주는 간판은 무슨 의미인지…?

그는 1869년(고종 7년) 11월 9일 바로 이곳 정동에서 태어났다. 그는 8살 때부터 서당에서 한문을 익히기 시작했지만 가세가 기울면서 5년여 만에 더 이상 공부할 수 없게 되었다.

어려서부터 생계를 위해서 일을 해야 했지만 18세 되던 해에 아버지마저 별세하였고, 그 자신도 중병에 걸려 사경을 헤매는 지경이었다. 다행히 회복이 되었을 때는 그에게 가족을 지켜야 하는 큰 짐이 남겨진 상태였다. 이 시기가 그에게 있어서 가장 큰 위기였다. 그가 방황하고 있던 때, 현실을 극복할 수 있는 길이 조선군에 입대하는 것이라고 생각했다.

역사적으로 볼 때 이미 국운(國運)이 기울고 있던 당시에 군대는 친위대 정도의 수준이었다. 1890년 군대에 들어가서 군생활을 하던 중 1894년 동학혁명이 일어나 전라도로 동학군을 진압하기 위한 관군의 신분으로 파병되기도 했다. 하지만 그는 더이상 군생활을 계속할 수 없었다. 그가 참여한 전투는 모두 골육상쟁이었기 때문이다. 관군의 입장에서 동학군 진압이 그랬고, 1895년 단발령과 명성황후 시해사건 이후 전국적으로 일어난 의병들과 싸워야 하는 현실에서 더 이상 군생활을 할 수 없다는 결심을 했다.

군생활을 그만두기로 한 그는 몸에 배인 술과 싸움버릇을 버리지

사택터를 알려주는 간판

한국기독교 역사 현장을 찾아서

못한 채 민간인으로서 삶을 시작했다. 그에게 위기는 계속되었다. 늦게 결혼해서 얻는 자식을 1902년 한꺼번에 잃게 되었기 때문이다. 가뜩이나 마음이 힘든 상태에서 자녀를 한 번에 잃게 된 그는 매우 괴로운 상태에서 자책하는 마음을 갖게 되었다. 이때 그에게 전해진 것이 복음이었다. 복음이 무엇인지 모르지만 그의 상한 심령을 움직이는 것이 분명했기에 그는 상동교회를 찾았다. 마침 스크랜턴(W.B. Scranton)이 중심이 되어서 이끌고 있던 교회에는 전덕기 전도사가 함께 섬기고 있었다. 교회에 나가기 시작한 1년쯤 지나서 회심하게 되는 동기를 갖게 되면서 그동안 방탕했던 생활을 완전히 청산하게 되었다. 힘써 세례문답을 공부하면서 자신의 경험을 바탕으로 열심히 전도했다. 성경공부도 성실하게 하면서 1903년 4월 부활주일에 스크랜턴 목사에게 세례를 받고 상동교회 정회원이 되었다.

완전하게 개종한 다음에 그는 먼저 가족들을 전도했다. 집안의 반대가 심했지만 그는 집안에 있던 모든 우상단지를 제거하고 반강제로 가족들에게 예수님을 믿게 했다. 이어서 동네 사람들에게도 예수님을 소개하면서 전도했다. 처음에는 완강하게 거부했던 사람들이 완전히 변한 그의 모습을 보고 그들도 개종하기를 자원하게 됨으로써 많은 사람들이 회개하고 교회에 나왔다.

그러나 당장 그에게는 끼니를 걱정해야 하는 현실이 있었다. 그는 지금까지 해보지 않았던 농사일로 품을 팔았다. 결코 쉽지 않은 일이지만 노동하는 기쁨이 지금까지의 군생활보다 훨씬 보람이 있었다. 그러던 중 상동교회에서 예배당을 관리하는 일을 할 수 있게 되었다. 예배당을 관리하면서 각종 집회가 열릴 때면 자연스럽게 참석할 수 있었으니 일석이조가 아닐 수 없었다. 그렇게 일하면서 그는 상동교회의 속장, 권사로 그 역할을 넓혀갔다.

이때 그는 상동교회에서 사역을 하고 있었던 전덕기와 후에 민족대표가 된 최성모를 만나게 되었고, 세 사람은 상동교회에서 각별한 관계로 지내면서 그리스도의 지체, 신앙의 형제이면서 국가의 미래를 위해서 걱정하는 동지가 되었다. 특히 1904년 교회 안에 공옥학교와 청년학원을 만들게 되었는데, 이들은 이 일에 주역으로 역할을 했다. 전덕기 전도사는 민족의 미래를 위해서 국사, 한글, 신앙을 가르치면서 민족주의 의식을 깨우쳤다. 또한 이필주는 체조시간을 이용해서 사실상 군사훈련을 시켰다. 이필주는 자신이 경험한 조선군 경력을 십분 발휘할 수 있었다. 이 학교에서 교육을 받은 이들이 후에 3·1독립만세운동과 독립투쟁의 지도자들로 활동을 했다. 이를 계기로 이필주가 알려지게 되면서 황성기독교청년회와 인천의 영화학교 등에도 불림을 받아 체육과 성경을 가르쳤다.

그가 목회자의 길로 가는 길은 쉽지 않았다. 초기에는 신학교가 없었기 때문에 정기적으로 개최되는 신학세미나에 참석해서 성경과 신학 공부를 시작했다. 꾸준히 참석하여 1907년에 미국감리교회 조선연회로부터 전도사로 임명을 받은 것이 그가 목회자의 길에 들어선 첫 계기가 되었다. 전도사로 임명을 받은 후 그는 상동교회의 지교회로 설립된 이촌동, 북창동, 연화봉교회 등을 순회하면서 목회를 했다. 1911년에 협성신학교에 입학하여 정식으로 신학수업을 시작했고 2년간의 수업을 마쳤다. 1913년에는 왕십리교회에 파송되어 목회를 했으며, 1915년에 비로소 목사 안수를 받았다. 그리고 1918년 송정도 목사 후임으로 정동제일교회에 부임하여 담임하게 되었다.

그러나 그가 정동제일교회에 부임한 이듬해는 우리나라가 식민지 통치하에서 독립을 염원하는 뜻을 만방에 알리기 위한 만세운동이 일어났다. 서울에서도 중심에 자리하고 있는 정동제일교회, 그리고 그 교회를 담임하고 있는 이필주 목사는 이러한 역사적 상황에 직면하여 결코 외면할 수 없었다. 목사가 되는 과정에서 이미 국가의 현실을 파악했던 그는 자신 앞에 직면한 국가의 미래를 위해서 무엇을 해야 할 것인지 알고 있었다.

그의 주변에는 이미 민족 지도자로 알려졌고, 국가의 미래를 위해서 활동하고 있었던 이상재, 최병헌, 최성모, 오화영, 손정도, 신홍식 등과 함께 민족의 의지에 반하게 식민지를 당하고 있음을 알리기 위한 만세운동을 전개했다. 그는 자연스럽게 1919년 3·1독립만세운동을 전개하는 과정에서 민족대표 33인 가운데 한 사람으로 주역이 되었다. 민족대표로서 그는 3월 1일 태화관에서 있었던 독립선언서 낭독과 만세 삼창에 직접 참석하여 만세운동을 독려했다. 그 결과 후에 그는 3년간 옥고를 치러야 했다.

그가 감옥에 있는 동안 그곳에서 자신이 해야 할 일에 대해서 더욱 확신하게 되었다. 3년이 지나 출옥한 후 연화봉교회, 미아리교회 등에서 목회를 하다가 그의 나이 65세가 되어서 경기도 화성시 남양동에 있는 남양감리교회로 가서 그곳에서 남은 생애 동안 목회를 했다. 그리고 일제가 대동아전쟁에서 패색이 짙어지던 1942년 4월 21일 별세의 길을 갔다. 하지만 그가 별세한 당시 우리나라는 참담한 고난을 받고 있었다. 신사참배는 물론 국가적 의식이라는 명분으로 배교를 강요했다. 개인은 물론 교회적으로도 강요함으로써 육체적 영적인 고통이 극심했다. 그가 남

남양교회 이필주 기념비석 사진

양교회에서 마지막 생애를 살면서 일제의 박해와 맞서 싸우는 과정에서 겪어야 했던 고통은 무엇으로 대신할 수 없는 일이었다. 그는 말년에 남양교회에서 목회하면서 끝까지 신사참배는 물론 창씨개명도 하지 않으면서 일제에 저항했다. 그러한 그의 모습은 당시 신자들은 물론 주변의 교회에 큰 귀감이 되었다. 하지만 그 대가로 그가 당한 고통은 말로 표현할 수 없는 것이었다. 그러니 그의 생애는 마지막까지 고난의 여정이었다.

현재 남양교회 예배당 앞에는 민족대표로서 이필주 목사의 공덕비가 세워져있으며, 그의 묘는 남양 인근인 비봉에 있었으나 현재는 국립묘지 애국지사 묘역으로 옮긴 상태이다. 정부는 민족대표 이필주 목사의 공적을 인정하여 1962년 대한민국 건국훈장을 추서했다.

벧엘예배당(정동34, 사적 제256호)

이 건물은 정동제일교회 구 예배당이다. 이 예배당은 정동을 답사하는 중에 반드시 둘러보아야 할 의미가 있다. 한국의 근대건축사에도 중요한 이 예배당은 한국교회사에 있어서도 의미가 크기 때문이다. 또한

벧엘예배당 출입구

한국기독교 역사 현장을 찾아서

비교적 원형을 간직하고 있는 건물로서 격동의 근대사의 증거이기도 하다. 단지 오래된 건물이기 때문이 아니라 이 예배당에는 역사적 의미와 건축양식의 특별함을 간직하고 있기 때문이다.

현재는 주변에 들어선 고층건물들이 압도하는 상황에서 130년 가까운 세월을 넘긴 단층 예배당은 눈에 띌 만큼 화려하지도 웅장하지도 않다. 하지만 그 시간을 거슬러 올라간다면 상황은 전혀 다르다. 당시 장안에서 고딕양식의 벽돌건물은 명물이 아닐 수 없었다. 1898년, 500여 명이 들어갈 수 있는 당시 최대 규모의 라틴십자가형 고딕양식으로 지어졌다. 중앙의 천정(身廊)을 높여서 웅장함을 더했고 양쪽(側廊)으로는 출입구를 만들어서 정통과 근대식, 혹은 프로테스탄트교회의 예배당을 적당히 조합한 구조로 지어졌다.(다만 1987년 화재로 인해서 리모델링

벧엘예배당 내부

하면서 천정 부분이 원형과는 거리가 멀게 되었다.)

　　이 예배당이 지어지는 과정에서 예산의 대부분은 미국감리교회 선교부가 담당했고, 당시 이 교회의 신자들이 헌금한 금액은 전체 예산의 10분의 1도 되지 않는 적은 것이었다. 이 건물은 완공되기 전부터 이미 배재학당의 행사를 치렀고, 1897년 12월 26일에는 헌당예배도 드렸지만, 실제로 완공된 것은 1898년 10월이었다고 한다. 착공한 지 2년 반이라는 시간이 지나서야 완공이 되었으며, 완공과 함께 이 예배당은 장안의 명물로 등장했다. 그도 그럴 것이 궁궐이나 한옥구조의 건물만 보아왔던 당시의 사람들에게 이 예배당은 특별한 것이 아닐 수 없었기 때문이다. 따라서 고종황제는 물론 멀리 시골에서부터 이 건물을 구경하기 위해서 왔다는 이야기는 전설처럼 전해지고 있다.

　　1918년, 이 예배당을 증축하는 과정에서 파이프오르간을 설치하게 되었다. 이것은 국내 최초로 설치된 오르간이라는 역사를 가지고 있다. 또한 당시 파이프오르간은 아시아에 딱 세 대 밖에 없었다고 하니 또 하나의 기록이 아닐 수 없다. 그런 만큼 당시 우리나라의 경제적 여건이나 정동제일교회의 상황에서는 설치하기 쉽지 않은 경비가 들었을 것은 충분히 상상할 수 있다. 이 오르간을 설치할 수 있었던 것은 독립운동가로 알려진 김란사(1872~1919)가 미국 감리교회와 동포 한인교회를 순회하면서 모금한 기금으로 가능했다고 한다. 당시 이 오르간의 가격은 2,500원 운반과 설치비까지 하면 5,000원이 넘는 큰 비용이 들었다. 1897년 벤엘예배당 건축비가 8,000원 들었으니 비견될 수 있을 것이다.

이렇게 설치된 오르간은 역사적인 사건과 함께 단지 오르간으로서만이 아니라 역사의 현장이었다는 숨은 이야기가 있다. 그것은 오르간을 작동하기 위해서는 오르간 뒤에 큰 송풍실(wind box)을 설치해야만 하는데, 1919년 독립만세운동이 일어났을 때 이 공간에서 독립선언서를 등사하기도 했고, 이후에 발행되는 지하 독립신문도 이곳에서 등사판 인쇄이지만 만세운동과 시대적인 상황을 공유할 수 있는 소식지를 만들어 배포하기도 했다. 외형은 오르간이지만 그 몸체에 해당하는 송풍실이 독립의 의지를 담은 문서들을 만들어내는 공간이었다는 사실은 이곳 예배당 안에서 느끼게 하는 특별한 것이다.

예배당 외벽 - 벽돌 한장 한장이 역사의 흔적을 말하는 듯 하다

하지만 현재 이 예배당에서 만날 수 있는 오르간은 1918년에 설치된 것이 아니다. 아쉽게도 최초에 설치되었던 오르간은 6.25동란 때 폭격에 의해서 예배당이 반파되면서 함께 파괴되고 말았다. 그러나 예배당을 복구하면서 오르간을 다시 설치하는 것은 엄두도 내지 못했다. 그러다가 2003년 이종덕 권사 유족들의 연보로 현재의 오르간이 다시 설치되어 역사를 이어가고 있다.

1970년대에 들어서 교회가 성장하면서 더 넓은 예배공간이 필요했다. 따라서 벧엘예배당을 헐고 지을 것인지 논의를 하던 중 1977년 이 예배당이 문화재로 지정이 되면서 사라질 수 있는 위기를 넘길 수 있었다. 당시만 하더라도 교회가 예배당을 보존해야 한다는 절박한 공감대를 형성하고 있지 못했었기 때문에 헐고 그 자리에 새로운 예배당을 건축하는 것은 당연하게 생각할 정도였다. 그러한 의미에서 교회 스스로의 노력과 결단이 있었고, 또한 외부의 분위기나 영향력이 크게 작용했을 수 있지만 결과적으로 이 예배당은 보존될 수 있었던 것은 다행이다.

하지만 이 건물은 1987년 화재로 인해서 상당한 소실이 있었다. 이때 예배당 내부를 다시 복원하는 공사를 했고, 1990년에는 종탑을 중심으로 보수를 했으며, 2001년에는 건물의 안전성에 문제가 생겨서 여러 가지 의견이 있었지만 문화재로서 보존해야 한다는 의견에 따라서 보수작업을 하여 2002년에 현재의 모습으로 복원하게 되었다.

또한 현재의 예배당은 본래 크기나 모양과는 상당히 달라졌다. 처음에는 라틴십자가의 모양이었으나 수차례에 걸친 증축과 보수과정을 통해서 현재의 모습을 갖게 되었다. 해방 이후만이 아니라, 이미 1916년 교회의 성장속도가 빨라지면서 신자를 수용할 수 있는 공간이 더 필요하게 되어 예배당 북쪽을 확장했고, 그 후 다시 10년이 지난 1926년에는 약 500명이 들어갈 수 있는 예배당이 필요해서 60여 평을 증축했다. 이 과정에서 예배당의 원형을 잃게 되고, 지금의 사각형 모양의 예배당으로 변신을 하게 되었다. 또한 처음에는 의자가 놓였던 것이 아니고 마루바닥에 방석을 깔고 앉게 했기 때문에 더 많은 사람들을 수용할 수 있었다. 그리고 남자와 여자의 자리를 휘장으로 구분했으며, 예배당에 필요한 도구들은 대부분 일본의 요코하마에서 만들어왔다고 한다. 그 중에 지금도 사용하고 있는 것으로 대표적인 것은 강대상이다. 두 개의 강대상이 지금도 사용되고 있는데 강대상에 조각된 문양과 글씨가 특별하다. 이 강대상은 현존하는 우리나라에서 가장 오래된 설교용 단상이라고 한다. 이것들은 후에 한국교회들이 만들어 사용하게 되는 샘플이 되어서 전국적으로 보급되었다.

뿐만 아니다. 이 예배당에는 스테인드글라스가 양쪽으로 설치되어 있다. 이것은 유럽의 교회들이 일반적으로 사용하는 것으로 단조롭지만 예배당의 분위기를 만들어준다. 이 역시 벧엘예배당이 갖고 있는 특징 가운데 하나이다. 물론 프로테스탄트교회에서 스테인드글라스는 어떻게 수용할 것인지는 신학적 견해에 따라서 다른 면이 없지 않다.

또한 이 예배당의 특별한 이력은 이것이 전부가 아니다. 우리나라 최초의 서양식 결혼식도 이곳에서 있었다. 1899년 7월 14일에 있었던 배재학당의 학생과 이화학당의 학생 두 쌍이 합동으로 결혼식을 이 예배당에서

아펜젤러부터 사용한 강대상

함으로써 우리나라 최초의 서양식, 예배중심의 결혼식이 있었다. 비록 유형적 유산으로 남겨지거나 현장에서 확인할 수 없는 것이지만, 우리나라 최초라고 하는 또 하나의 기록이다.

또 하나 벧엘예배당을 찾으면 확인해야 할 것이 있다. 하지만 육안으로 직접 확인하기는 어렵다. 왜냐하면 그것은 남쪽 종탑 안에 높이 달려있기 때문이다. 다름 아닌 종이다. 이 종은 1902년 아펜젤러 선교사가 불의의 해난사고로 순직하였을 때 미국에서 제작해서 가지고 온 것이다. 후임으로 이 교회 담임 목사로 부임한 최병헌이 '경세종'(警世鐘, 세상을 깨우치는 종)이라고 명명했다. 하지만 이 종도 위기가 있었다. 일제 식민지 말기에 전쟁 물자를 공출하게 한 일본군에 의해서 교회도 할당된 쇠붙이를 공출해야 했다. 이때 교회들의 종도 예외가 없었다. 그렇지만 이 '경세종'은 보존될 수 있었다. 해방과 함께 이 종은 서울 장안을 깨우는 역할을 감당다.

예배당 안과 밖을 돌아보면서 구석구석에 남겨진 역사의 흔적을 느껴보는 것은 이곳을 찾는 이들이 갖고 돌아갈 수 있는 특별한 선물이다.

보구여관(普救女館) 터(정동 32)

정동제일교회 구 예배당인 벧엘예배당을 나와서 구 문화방송 방향으로 가면 벧엘예배당의 옆이 된다. 돌담을 조성한 곳 안쪽은 현재 이화여고 테니스장이 조성되어있다. 이 테니스장이 있는 위치에 우리나라 최

초의 여성전문병원이 시작된 곳이다. 즉 벧엘예배당과 심슨기념관 사이
인 셈이다. 이곳에 스크랜턴에 의해서 시작된 보구여관이 있었다.

　　보구여관(Caring for and Saving Woman's Hospital)은 우리나라 최
초의 여성전문병원이었다. 남녀가 유별한 시대에 한 공간에서 치료를 받
는 것이 불가능한 것은 물론이고, 남자 의사가 여자 환자를 치료할 수 없
었다. 따라서 여자 의사와 부녀자들만 치료하는 별도의 공간이 필요했
다. 이러한 요청과 필요를 깨달은 스크랜턴은 1887년 11월 이화학당 구
내에 보구여관이라는 이름으로 여성전용병원을 설치하게 했다. 그리고
후에 이 병원은 동대문병원과 통합되어 현재 이대부속병원의 모체가 되
었다.

　　그런데 이 병원의 이름이 보구여관인 것은 명성황후가 이런 의료사
업을 치하하고 격려하는 뜻으로 지어준 것이다. 그러나 스크랜턴은 정동
병원(시병원)이라고 하는 병원을 이미 운영하고 있었고, 남자였기 때문
에 여성 환자를 진료할 수 없었다. 따라서 당시 조선의 문화적 정서적 상
황을 경험하면서 여성전문병원을 만들어야 했다. 따라서 본국 선교부에
여성을 진료할 수 있는 의사를 요청했다. 이때 여의사로 내한한 사람이

북감리교회 최초로 파송된 여자 의사 하워드와 보구여관

미국 감리교 여의사인 하워드(Miss Meta Howard)였다.

스크랜턴은 이 병원을 열고 전담 여의사가 올 때까지 약 1년간을 돌봐야 했다. 문제는 직접 환자를 볼 수 없었기 때문에 어머니 메리 스크랜턴이 여성 환자 상태를 보고 설명하면 스크랜턴이 처방을 하는 식의 진료였다고 하니 얼마나 갑갑한 일이었을까?

1887년 10월 31일부터 메타 하워드(Miss Meta Howard)가 내한하여 스크랜턴이 운영하는 시병원 내에서 여성 환자를 전담하여 진료를 시작했다. 여자 의사인 하워드가 진료를 하게 되면서 자연스럽게 여자 환자들이 찾아오는 것이 쉬워졌다. 점점 찾아오는 환자들이 많아지면서 더 이상 시병원 내의 한 진료실에서 감당하는 것이 어려워졌다. 따라서 시병원 옆에 별도의 진료공간, 즉 여성환자

로제타 홀

들만을 진료하는 공간을 마련하게 됨으로써 보구여관이라는 이름의 병원이 실제로 시작되었다.

그러나 열악한 환경에서 그녀는 쉬지도 못한 채 2년간 진료에 전념한 결과 피로 누적으로 사역을 중단하고 1889년 귀국하고 말았다. 1890년 10월부터는 로제타 셔우드(Rosetta Sherwood, 1865~1951)가 맡았다. 셔우드는 보구여관에 와서 현장에서 필요한 일을 섬기면서 자신이 해야 할 일을 찾아냈다. 즉 진료하는 과정에서 여성 간호사가 필요했다. "여성을 위한 의료사업은 여성의 손으로!"라는 구호와 함께 한국 최초의 여성

한국기독교 역사 현장을 찾아서

의학교육을 시작했다. 후에 셔우드는 아들과 함께 우리 나라 국민들의 건강을 위해서 헌신한 사람으로 남는다.

이때 이화학당 학생 4명과 일본인 여성 1명을 학생으로 받아서 의학 훈련반(Medical Training Class)을 개설하여 기초적인 의학교육을 했다. 이 의학 훈련반에 이화학당 출신인 김에스더(박에스더라고 부름, 본명 김점동, 1856~1922)는 이 의학반에서 공부를 한 후1896년 10월에 미국 볼티모어여자의과대학(The Woman's Medical College of Baltimore, 현 Johns Hopkins School of Medicine)에 정식으로 유학을 하여 1900년 동 대학에서 의학박사 학위를 받고 돌아와서 우리나라 최초의 여자 의사가 되었다. 그녀는 귀국해서 보구여관에서 셔우드의 일을 도우면서 환자들을 진료했다. 그녀는 이화를 빛낸 동문으로서 이화인들에 의해서 자랑스러운 이화인으로 기억되고 있다.

한국 최초 여의사 김점동

1892년에는 동대문에 보구여관 분원으로 진료소를 설치하고, 1893년에는 건물을 새로 지었다. 이때 많은 돈을 기부한 볼드윈(Baldwin)의 이름 따서 볼드윈 진료소라고 불렀다. 이 진료소는 여의사인 릴리안 해리스(Lilian Harris)가 책임을 지고 운영을 하다가 1902년 별세했다. 1912년에 새로운 병원건물을 짓고 해리스기념병원으로 부르게 되었다. 이때 정동의 보구여관은 오히려 분원으로 설치한 동대문진료소, 즉 볼드윈진료소로 합치면서 사라지게 되었다. 그러한 의미에서 동대문병원은 보구여관의 역사를 잇고 있다고 할 수 있다.

1912년 동대문으로 이전한(이화여자대학교 자료에는 1925년으로 기록하고 있다) 후 정동의 보구여관 건물은 이화학당의 교실과 기숙사 등으로 사용되다가 1921년 철거되고 말았다. 철거된 자리에는 벽돌로 '에드가 후퍼 기념관'(Edgar Hooper Memorial Kindergarten Building)이 140평 규모로 지어졌다. 이 건물은 유치원, 이화보육교육학원 등으로 사용되다가 다시 헐리고, 그 자리에 1958년 젠센기념관이 지어졌고, 1960년 12월 이 건물은 다시 정동제일교회에 기증되어 교육관으로 사용되기도 했다. 이때 건물은 교회에서만 사용한 것이 아니라 여러 대학의 기독학생들이 모여서 성경공부도 했고, 시국과 관련한 뜻을 나누면서 고뇌했던 곳이기도 했다. 그러나 이 건물도 1979년 100주년기념예배당을 건축하면서 헐리고 말았다.

한편 북감리교회 선교부는 한국인 간호사를 양성하기 위해서 1902년 파견된 마가렛 에드먼드(Margaret Edmunds)에게 이 일을 맡겼다. 따

라서 1903년에는 '간호원양성
학교'를 설치해서 우리나라 의
료사에 큰 업적을 남겼다. 이
때부터 우리나라에서 간호원
이라는 말을 쓰게 되었다. 하지
만 보구여관의 병상수가 20개
정도였기 때문에 학생들이 충
분히 실습을 할 수 없어서 일
본으로 연수를 가거나 민간병
원에 위탁해서 교육을 해야 했

동대문병원

다. 혹은 세브란스 간호부양성소에서 공부와 실습을 하기도 했다.

이화학당(梨花學堂)

이화학당은 북감리교회 의료선교사로 내한한 스크랜턴(William
Benton Scranton, 1856~1922)의 어머니 메리(Mrs. Mary F. Scranton,
1832~1909)에 의해서 1886년 그의 집에서 단 한 명의 학생과 공부를 시
작한 것이 우리나라 근대 여성교육의 효시가 되었다. 그 후 이화학당, 이
화여자중고등학교, 이화여자
대학교로 발전하면서 한국 근
대사에서 여성교육의 산실로
발전을 거듭했다.

하지만 남녀가 유별하고
신분제도가 엄격했던 당시에
여성을 대상으로 교육을 한다
는 발상자체가 용납될 수 없는
분위기였음을 감안한다면, 현

이화학당 1886년 신축 교사

메리 스크랜턴의 흉상

재의 이화학교는 상상하기 어려운 것이었다. 남존여비 사상이 지배하고 있던 당시에 여성을 대상으로 교육을 하겠다는 발상자체도 용납되지 않았기에 여성을 대상으로 학교를 시작하는 것은 쉽지 않은 일이었다.

실제로 1885년 5월 31일 김 부인이라는 여인(高官의 小室)이 하인과 함께 찾아와서 영어를 배워서 왕비의 통역관이 될 수 있으면 좋겠다는 요청에 그 부인과 3개월간 개인교습을 했다. 이것이 여성 교육의 가능성에 대한 확신을 가지게 했는지 모르겠다. 이처럼 세상의 변화에 적응하려는 일부의 사람들이 찾아오면서 실용적인 교육을 요

1893년 이화학당학생들과 스크랜턴(맨 뒷줄 오른쪽 끝)

청한 경우와 선교사와 함께 생활하면서 도우미 역할을 하던 아이들, 그리고 장안에서 배외하면서 지내는 고아들을 중심으로 가르치기 시작한 것이 이 학교의 출발이다. 1886년 10월에는 4명, 그해 말에는 7명으로 조금씩 늘어나면서 학교로서의 면모를 갖추기 시작했다.

비록 사람들을 모으는 것 자체가 어려운 상황이지만 세상을 알게 되면서 필연적으로 요구되는 현상은 서양에 대한 관심과 새로운 세계에 대한 동경이었다. 따라서 소수의 사람들이지만 관심을 끌게 되면서 여성을 대상으로 하는 신교육의 현장은 조금씩 성장했다. 정치적으로도 변화에 적응할 수밖에 없는 상황이 되면서 고종 황제도 이에 대한 관심을

1886년에 지은 한옥을 철거하고 1899년 새로 지은 메인 홀(위, 출처-서울역사박물관<100년 전 선교사, 서울을 기록하다>)과 대학과 학생들(1910, 출처-이화여자대학교 홈페이지)

갖게 되었다. 이화학당이라는 교명도 1887년 고종 황제가 직접 하사한 것이다. 이렇게 됨으로써 황제인 고종이 허가한 학교가 되었다.

현재 이화여고가 자리하고 있는 터(정동 32번지)는 1885년 10월 주변에 있는 큰 기와집과 19채의 초가집을 구입함으로써 마련했다. 이곳은 스크랜턴과 아펜젤러가 마련한 주택에 이웃해 있는 곳으로 한양의 성벽을 중심으로 하는 언덕에 자리한 곳이다. 땅을 마련한 이듬해인 1886년 2월부터 학교 건물을 건축하기 시작해서 11월에 완공했다. 이것이 ㄷ자형의 축대 위에 세운 한옥 교사였다. 이 건물에는 학생 35명이 기숙할 수 있는 방들이 마련되었고, 교사들도 함께 생활할 수 있는 공간과 교실이 있었다.

학생들이 늘어나면서 한옥 교사를 헐고 미국에서 자재를 운반해 와서 붉은 벽돌로 된 2층 양옥 건물을 1899년에 완공했다. 이것이 구본관(구강당)인 메인 홀(Main Hall)이다. 이 건물은 한국인 심의석에 의해서 시공되었다고 알려졌는데, 아쉽게도 1950년 6·25사변 당시 파괴되고 말았다. 당시에는 상당히 유명한 건물로서 사람들의 이목을 끌었다.

하지만 우리나라 근대사가 그랬듯이 식민지로 이어지는 역사는 굴곡이 많았다. 또한 아직 서양식 교육제도를 갖고 있지 못했던 터인지라 교육제도를 어떻게 할 것인가 하는 것도 독자적인 결정을 할 수 없는 상태였다. 선교사들이 학교를 운영하는 형편에 따를 수밖에 없었고, 지배국인 일본의 입장에 따라서 교육제도를 바꿀 수밖에 없었다. 식민지 정책에 따라서 교육제도도 바꿀 수밖에 없었으니 1904년 중등과 4년제, 1908년 고등과 보통과를 설치하면서 변모해갔다. 1910년에는 대학부를 신설하면서 고등교육체제를 만들어가기 시작한 것도 새로운 시작이다.

이화학당의 결정적인 변화는 대학부가 신촌으로 옮겨가면서 대학과 중고등학교가 완전히 분리되어서 독자적인 성장을 할 수 있는 기회가 만들어지면서. 1924년 신촌에 교사 부지 55,000여 평을 구입하여 이화여자대학교의 새로운 터전을 마련했다. 이것이 이화의 신촌시대를 여

는 계기가 되었다. 그러나 대학과정이 정동을 떠나서 완전히 독립된 체제를 마련한 것은 1935년이었다.

한편 이화학당은 1886년 시작한 이래로 선교사들이 교육과 행정에 대한 모든 책임을 지고 감당해왔다. 즉 설립자인 스크랜턴(Mrs. Mary F. Scranton)이 첫 번째 학당장이었고, 1890년 로드와일러(Miss Lousia Rothweiler), 1893년 페인(Miss Josephine O. Paine), 1907년 프라이(Miss Lulu E. Frey), 1921년 월터(Miss Jeanette Walter), 1922년 아펜젤러(Miss Alice R. Appenzeller)가 각각 학당을 맡아서 발전시켜오다가 1938년 일제의 탄압이 극심해지던 당시 한국인 교사가 교장직을 맡게 되었다. 그것은 여러 가지 이유가 있었겠지만 역시 일본이 마음대로 하기 어려운 선교사들을 배척했고 끝내는 모두 강제 퇴거시키는 수순으로 나아가는 일련의 과정이었다고 할 수 있다. 그러한 과정을 통해서 한국인 신봉조가 최초로 이 학교의 교장이 되었다.

또 하나는 지금까지 모두 여자 선교사들이 맡았던 교장직을 한국인이면서 동시에 최초로 남자가 교장직을 맡게 되었다. 그런데 이화의 역사에서 유일한 남자 교장으로서 해방과 6·25사변을 겪으면서 격변기의 이화를 지켜내야 하는 과업을 감당해야 하는 교장의 역할을 해냄으로써 섭리라는 단어를 떠오르게 한다.

심슨기념관(정동길 26)

정동제일교회에서 이화여고를 찾아가노라면 교문에서 제일 먼저 만나는 건물이 왼쪽에는 심슨기념관이고, 정면 오른쪽에는 이화100주년 기념관이다. 이번에 찾아보고자 하는 것은 심슨기념관이다. 이 건물은 현재 이화학당의 역사를 알리고 보존하는 목적을 가지고 박물관으로 꾸며졌으며, 그 외의 공간은 법인사무실, 음악실, 동아리실 등으로 사용되고 있다. 일반인들이 관람할 수 있는 곳은 박물관뿐이다. 아쉬운 것은 교정에 들어가서 이곳저곳을 살펴보면 좋겠지만 학습 환경에 방해가 되어서는 안 될 것이기에 외부인 출입이 금지되어 있어서 공개된 곳 밖에는 돌아볼 수가 없다.

현재 이화여고 경내에 있는 건물들 가운데 역사적인 의미를 갖고 있는 것은 전쟁과 화재로 인해서 다 파괴 내지는 소실되었고, 유일하게 남겨진 것은 박물관으로 사용되고 있는 이 건물이다. 그러한 의미에서

심슨기념관 전경

이 건물은 다른 시설물과 비교할 때 보존 가치도 높다. 따라서 이 건물에 박물관 시설을 설치하는 것은 당연했으리라. 학교에서는 2006년 이화 120주년 기념행사를 하면서 이 건물 1층에 이화박물관을 마련했다. 후배들에게는 물론이고, 국민들에게 이화의 역사를 통해서 선교사들의 영향이 어떤 것이었는지? 그리고 이곳에서 배출한 많은 여성 지도자들에 대해서 알 수 있게 했다. 이 박물관은 한국 근대사에 있어서 여성교육의 모체인 이화학당과 그 출신 인물들을 소개하고 있다.

심슨기념관은 1915년에 준공되었으니 110년이나 된 건물이다. 이 건물은 당시 이 학교의 교장인 프라이(Miss Lulu E. Frey, 1868~1921)에 의해서 건축되었다. 프라이가 교장으로 있을 당시 이화학당은 교육공간이 태부족한 상태였다. 따라서 그는 새로운 건물이 필요했지만 교실을 지을 공간도 예산도 없었다. 이때 심슨(Sara J. Simpson)이라는 사람이 별세하면서 거금을 학교에 기탁함으로써 이 건물을 지을 수 있었다. 그런데 그 돈은 사실 심슨의 것이 아니고 그녀의 언니인 홀 부룩의 것이었다

심슨기념관 후경

고 한다. 부룩이 기부하여 조성한 기금을 사용하도록 한 것인데, 그 기금 관리를 심슨이 했고, 심슨이 별세하면서 기부금 전체를 학교에 위탁했기 때문에 이 건물을 지은 다음에 그녀의 이름을 건물명으로 사용하게 되었다. 지금까지 알려진 것은 이 정도가 전부이다.

기부금을 활용해서 교실을 마련하기를 원했던 프라이는 주변에서 그 용도에 필요한 곳을 찾았는데 현재 심슨기념관이 자리하고 있는 위치에 있었던 경신학당 건물과 터가 마침 매물로 나온 것을 알고 이것을 사들였다. 즉 이 자리는 경신학당의 전신인 고아원이었는데, 길 건너에 자리하고 있던 북장로교회의 언더우드 선교사가 고아들을 모아서 함께 하고 있던 곳에서 경신학당이 시작되었고, 이곳으로 옮겨서 학교를 하고 있었다. 미국 북장로교회 선교부는 정동을 떠나 종로로 옮겨가면서 이 터를 매각했다. 그런데 이 터를 조선정부가 사들여서 시종원(侍從院-1896년에 설치한 궁내부의 부속기관으로 왕의 어복, 어물, 의약, 위생 등을 맡았다)으로 사용하던 것을 이화학당이 다시 구입한 것이다.

경신학당 전신 예수교학당(1890년경)-출처- <서울역사박물관-100년전 선교사, 서울을 기록하다>

한국기독교 역사 현장을 찾아서

그렇게 보면 건물 하나에 불과하지만 조선의 근대사에서 많은 일들이 있었던, 특별히 선교사들의 사역에 있어서 장로교회 선교부와의 관계도 있다는 것을 알 수 있다. 무심코 지나면 그냥 좀 오래된 건물로밖에는 보이지 않지만, 초기 선교사들의 사역 현장이었던 곳임을 알 수 있다. 특히 경신학당에 대해서는 다음에 찾아보겠지만 이곳에서 시작되었다는 것은 현재 이곳을 찾았을 때 전혀 알 수 없는 일이기도 하다.

이 건물은 지하 1층 지상 3층으로 되었으며 벽돌건물이다. 1915년 완공돼서 사용되어왔지만 6·25사변 때 파괴되었던 것을 1960년 복구했다. 지금은 등록문화재 3호로 지정하여 보존되고 있는 건물이다. 일반인들이 이곳을 찾았을 때 자유롭게 살펴볼 수 있는 곳은 박물관뿐이다. 박물관 1층에는 전시실과 옛 교실을 재연한 공간, 2층에는 이화여고 출신들이 남긴 유품들 중에서 이화학당과 관련된 것들을 전시하고 있다.

이화100주년기념관(정동29)

이 건물은 박물관과 다목적으로 사용되는 심슨기념관과 함께 입구에서 제일 먼저 만날 수 있다. 이화100주년기념관은 2004년 지하 1층 지상 5층으로 지어졌다. 현재 지하는 주차장과 이화아트갤러리로, 지상

복원된 이화학당 東門

에는 개인피아노 연습실, 카페, 영어회화실, 도예실, 지구과학실, 시청각실 등 학생들의 수업에 필요한 각종 실습실이 갖춰있어서 다목적으로 사용되고 있다. 또한 학생들의 신앙을 위해서 기도실이 마련되어 있다.

  그런데 이 건물에는 특별한 공간이 있다. 그것은 프라이홀(Frey Hall)이다. 이화100주년기념관 안에 특별히 프라이홀이라는 공간을 만든 것은 이 건물이 있는 터에 있었던 건물이 프라이홀이었다는 것을 생

손탁과 1909년경 발행된 손탁호텔
사진 엽서(출처-국립미술박물관)

MISS SONTAG HOTEL SEOUL, COREA — MAIN ENTRANCE
J. BOHER, PROPRIETOR AND MANAGER

각하면 이해가 된다. 즉 이 건물을 짓기 전에 이곳에 있었던 프라이홀은 이 학교의 4대 교장이었던 프라이 선교사의 업적을 기억하고자 지었던 건물이다. 프라이는 1868년 생으로 25세 때 선교사로 와서 1910년 이화학당에 대학부과정을 만들면서 이화의 미래를 준비한 사람이다. 그가 남긴 말 가운데 "요람을 흔드는 손이 세계를 지배한다"고 하면서 여성교육에 열정을 다한 사람이었다.

현재의 100주년기념관은 프라이홀이 있었던 자리다. 그리고 프라이홀이 건축되기 전에는 이 터가 일반적으로 우리나라 최초의 호텔로 알려진 손탁호텔(Sontag Hotel)이 있었던 자리이다. 그러나 우리나라 첫 번째 호텔은 인천의 대불호텔(1887)이기 때문에 잘 못 알려진 것이고, 그러한 의미에서 손탁호텔은 두 번째 호텔이며, 서울에서 외국인들이 투숙할 수 있는 곳으로 명성을 가지고 있었다. 호텔은 단순한 숙박시설로써 의미만 있는 것이 아니고, 다양한 문화와 시설이 도입된 곳이기 때문에 조선시대까지 정부가 짓고 운영하던 객사(客舍)와 민간인들이 운영하던 주막(酒幕) 정도가 전부였던 상황에서 특별한 곳이었고, 서양의 문화가 전달되는 곳으로써 시대를 앞서가는 사람들에게 인기가 높았던 곳

손탁호텔이 있었던 곳에 1922년 건축한 프라이홀

이다. 이 호텔을 경영하던 손탁(Marie Antoinette Sontag)이 1909년 독일로 돌아간 후 프랑스인 보에르가 인수하여 경영하였으나 경영이 어려워지면서 결국 문을 닫고 말았다.

이것을 1917년 이화학당이 이것을 구입하여 이 자리에 1922년 3층으로 된 프라이홀을 건축하여 학생들의 교실, 실습실, 기숙사 등으로 사용했다. 대학부가 만들어지면서 1935년까지는 대학부가 사용을 하다가 신촌 캠퍼스를 마련하면서 이때부터는 이화여고가 사용을 하게 되었다. 그러한 의미에 이곳은 사실상 신촌에 있는 이화여자대학교가 출발한 곳이라고 할 수 있다. 그렇지만 현재 이곳에서 그러한 사실을 확인할 수 있는 어떤 것도 없다는 것은 조금 아쉬운 마음이다.

1957년 스크랜턴홀이 지어지면서 이때부터는 이화여중이 사용을 하다가 다시 서울예고가 교사로 사용을 하던 중 1975년 5월 누전에 의한 화재로 전소되고 말았다. 화재로 인해 건물은 사라졌지만 남은 벽돌들은 이화여고 교정 곳곳에 보도블록을 대신하거나 다양한 형태의 구조물로 변신하여 지금도 이화학당의 역사를 이어가고 있다. 교정에 깔려 있는 벽돌 보도블록이 이 건물을 헐어낸 것이라는 사실을 생각하면 프라이홀이 존재했던 사실을 확인하게 해준다.

그 후 이화의 동문들은 이 프라이홀을 복원하기 위해서 30년 동안이나 기금을 모으기 시작했다. 그 결실이 맺히게 된 것이 2004년이다. 30년 동안 동문들이 중심이 돼서 기금을 마련하여 프라이홀을 복원한 것이 현재의 100주년기념관이다. 본래의 모습은 찾아볼 수 없지만, 이 건물은 프라이홀을 복원하는 목적으로 지어졌다. 따라서 이 건물 안에는 별도의 프라이홀이 마련돼 있다. 그곳은 433석의 공연장으로 꾸며졌으며 공연만이 아니라 다목적 홀로 사용할 수 있게 준비되었다.

그러나 한 가지 더 기억해야 할 것이 있다. 현재 이화100주년기념과 그 이전에 플라이홀, 또 그 이전에는 손탁호텔이 있었던 이곳은 북장로교 선교사인 기포드(Daniel Lyman Gifford)가 살고 있던 집이었다. 그것을 손탁이 매입해서 호텔로 발전시켰던 사실도 기억하면 좋겠다.

유관순기념관(정동29)

이화여고를 말하면 떠오르는 인물 한 사람만 말하라고 하면 당연히 유관순이다. 다른 인물들도 있겠지만, 우리 국민들이 대부분 기억하고 있는 사람은 역시 유관순일 것이다. 그러니 이화여고 교정에는 유관순과 관련된 시설물이나 기념물들이 당연히 있다. 하나씩 찾아보는 것은 여의치 않으므로 유관순과 관련한 것들을 한 번에 살펴보려고 한다. 사실 필자가 답사를 시작할 초기에 찍어놓은 사진들이 필름으로 존재하기는 하는데, 필름을

유관순 동상

정리해 놓지 못해서 전혀 활용하지 못하는 것은 누구에게도 탓할 수 없는 일이다. 다만 이 글을 다시 정리하면서 아쉬운 마음이 크다.

그 중에서 가장 눈에 띄는 것은 유관순 기념관이다. 이 기념관은 이화여고 강당으로 1974년 건축한 것이다. 이때부터 100주년 기념관이 지어지기 전 까지 이 학교의 대부분의 행사는 이곳에서 진행했다. 졸업식은 물론이고 공식적인 학교 행사와 채플도 이곳에서 했다. 지금도 학생들의 채플은 이곳에서 드려진다.

하지만 이 건물이 지어진 당시만 하더라도 서울에서 어떤 기념행사

나 음악회를 할 수 있는 변변한 공간이 없었기 때문에 서울시민회관이 여의치 않을 때는 주로 이곳에서 많은 음악회나 행사들이 진행되기도 했던 것이 불과 4~50년 전의 일이다.

이 기념관에는 유관순과 독립만세운동과 관련한 자료들이 전시되어 있는 공간이 있다. 기념관 밖에는 너른 잔디밭이 있고, 그곳에는 유관순 열사의 동상이 있다. 학교의 대표적인 인물인 까닭에 그의 동상이 다른 이들의 것보다 훨씬 크기도 하다. 또한 앞서 찾아보았던 심슨기념관에서 노천극장 쪽으로 가다보면 왼쪽 언덕 아래 '유관순 우물'이 있다. 훗날 학교가 우물에 이름을 지으면서 학교를 대표하는 인물의 이름으로 지은 것이다. 과거에는 수돗물이 아닌 우물물을 사용했기에 이 우물은 우물물을 사용하던 시대의 모든 이화인들이 사용했던 것이지만, '유관순 우물'로 명명한 것은 그만큼 유관순의 존재감을 확인하는 것이라고 할 수 있다. 유관순이 기숙사 생활을 하면서 이 우물을 사용한 것은 사실이다. 그렇다고 이 우물을 유관순만 사용했거나 우물과 특별한 사연이 있는 것은 아니다. 그렇지만 학교에서는 그녀를 기리고자 하는 마음을 담았을 것이다.

이화여고 내 유관순기념관(출처-유관순기념사업회)

한국기독교 역사 현장을 찾아서

유관순은 당시 이화학당 재학생으로 1919년 3·1독립만세운동을 주도한 인물로서 모든 국민으로부터 영원한 누나의 호칭을 받고 있다. 하지만 그녀의 고향은 서울이 아닌 천안이다. 그녀는 당시 충남 천안군 동면 용두리(지평리) 338번지에서 1902년 3남 2녀 중 둘째 딸로 태어났다. 유관순의 아버지는 감리교 선교사들의 전도를 받고 일찍 복음을 받아들여 시대에 대한 안목을 갖고 고향에 흥호학교(興湖學校)를 세워 계몽운동을 주도한 인물이다.

유관순은 어려서부터 고향에 있는 매봉교회에 출석하면서 신앙을 갖게 되었다. 그녀가 자라는 과정에서 보인 총명함은 당시 천안지역을 담당했던 선교사들의 눈에 띄었다.

선교사들은 그녀를 시골에 그냥 있도록 하기에 아쉬움이 있어 당시 충남의 중심이었으며, 감리교 선교부의 거점이었던 공주의 영명학교에 입학을 시켰다. 영명학교에서 공부를 한 그녀는 더 나은 교육을 받도록 하겠다는 사애리시(Alice Hammond Sharp) 선교사의 주선으로 다시 서울 이화학당으로 편입을 시켜서 공부할 수 있도록 도왔다. 그렇게 해서 고향이 천안인 그녀가 공주 영명학교를 거쳐 서울 이화학당에서 공부를 할 수 있게 되었다. 그러나 1919년 3월 1일 독립만세운동이 일어나면서 10일 학교가 폐쇄되었다. 그녀는 13일에 독립선언서를 감춰가지고

유관순 우물

고향인 천안에 내려가 교회와 지역의 지도자들과 상의하여 천안지역의 만세운동을 주도하는 역할을 했다. 4월 1일 병천 아우내장이 서는 날을 기하여 충남지역의 만세운동이 일제히 일어났는데 그 중심에 유관순이 있었다.

이 사건과 관련해서 유관순은 공주지방법원에 구속되어 1심에 이어 서울 복심법원으로 이송되어 3년형을 받고 서대문형무소에 수감되었다. 1920년 3월 1일 수감생활 중에도 옥중에서 만세운동을 하다가 같은 해 9월 28일 순국했다. 그녀가 18세 되던 해에 만세운동을 주도했고 19세에 별세한 것이니, 꽃다운 나이에 피워보지도 못했지만 우리나라 국민들의 마음에 영원히 남아있는 사람이 되었다.

신봉조(辛鳳祚, 1900~1992)

이화여고 교정을 살피다보면 특별히 많이 눈에 띄는 이름이 있다. 그것이 신봉조 또는 화암이라고 하는 말이다. 이화여고에는 신봉조관(館)이라고 하는 건물이 있다. 이 건물은 이화여고의 본관건물에 해당한다. 또 하나는 이화 100주년기념관 안에 화암홀이라고 하는 공연이나 행사를 할 수 있는 홀이 있다. 이 화암(和巖)홀은 그의 호로서 역시 신봉조를 기념하기 위한 공간이다. 그리고 본관 앞에 세워진 흉상이 있다. 그러니 이화여고를 답사하기 원한다면 사전에 신봉조에 대한 이해를 하고 찾아보는 것이 좋을 것이다. 그가 비록 설립자는 아니지만, 해방을 전후로 해서 학교가 어려웠던 시대에 이화의 역사와 전통을 굳게 지켜냈고, 현재와 같은 학교로 키우는 역할을 한 인물로서 이 사실을 알고 있는 이화인들이 그를 잊지 않고자 그를 기리를 마음을 담아 표현한 것들이다.

이 건물이나 흉상은 모두 신봉조를 기념하기 위해서 명명되거나 제작된 것들이다. 그런데 이화여고에 이렇게 남자 선생님을 기리기 위한 시설물들이 많을까 하는 의아심이 생긴다. 그도 그럴 것이 설립자로 기리고 있는 메리 스크랜턴 선교사도 여자
이고, 그 후에 학교를 세워가는 지도
자들 역시 모두 여자 선생님들이었는

데, 어떻게 남자 선생님을 기려야만 했
을까? 그것은 신봉조에 대해서 살펴보
면 답이 나온다.

그는 이화학당과 이웃해 있던 배
재학당에서 신교육을 받았다. 그 과정
에서 암담한 국가의 미래와 당시 여성
들이 처한 절망적 상황을 바라보면서
여성을 무지와 절망 가운데서 깨어 나

올 수 있도록 하는 것이 자신이 해야 할 일이라고 생각했다. 따라서 그는
1919년 3·1독립만세운동이 일어났을 때 배재학당에 재학하고 있던 학생
의 신분으로 참여하여 일제에 의해서 옥고를 치러야 했다. 배재학당을
졸업한 후에 연희전문학교 문과에 진학하여 역사학을 공부했다. 그 후
그는 자신의 모교인 배재학당의 교사로 돌아와서 가르쳤다. 교편생활을
하면서 국가의 미래를 위해서 당장 해야 할 시급한 것들 가운데 여성들
을 깨어나게 하는 것이라고 생각했다. 그는 기회가 있을 때마다 전국을
순회하면서 '여자교육의 급선무'라는 주제의 강연을 했다.

의식이 깨어있던 그는 일본 도후쿠제국대학(東北帝國大學)으로 유
학을 하여 그곳에서 법학을 공부했다. 그리고 다시 돌아와 배재학당에
서 가르치는 일을 계속했다. 그러던 차에 그의 여성교육에 대한 특별한
관심과 교육에 대한 열정이 이웃에 있는 이화학당에서 필요로 하는 사
람인 것을 인식했다. 따라서 이화학당은 1938년 그를 교장으로 초빙했
다. 이 시기는 실로 일제에 의한 박해가 심화되는 시점이었다. 이 시기는
사학(私學)인 미션스쿨이 위기에 처한 상황이었다. 이러한 시점에 그를
교장으로 초빙한 것은 어떤 의미에서 이화학당이 박해에서 살아남기 위

한 몸부림이기도 하지 않았을까 하는 생각이다. 일제가 선교 학교를 말살시키기 위해서 탄압함으로 학교법인을 몰수하는 상황에 처했을 때, 이 학교를 지켜내기 위해서 '유하학원'이라는 법인을 만들어서 한국인 유지들을 참여하게 하여 돈을 모아 학교를 지켜냈다. 그렇지 않았다면 이 학교는 공립학교로 편입되었을지도 모를 일이다.

그는 이화학당이 가장 어려움을 당할 때 교장으로 부임을 해서 학교를 일제로부터 지켜내면서 1945년 해방을 맞게 되었다. 그러나 해방과 함께 감격하는 것은 잠시였고 국가가 처한 상황은 일제 말기에 못지않았다. 좌우의 이념대립과 이어지는 6.25동란은 민족상잔의 처참함과 경제적으로 절망 상태로 몰아넣었다. 이러한 상황에서도 국가의 미래와 소망은 교육에 있다는 신념으로 이화학당을 지키는 일과 여성교육을 위한 장을 만들어냈다. 1953년에는 이화예술고등학교를 설립해서 두 학교의 교장을 겸하면서 1961년 정년퇴임을 할 때까지 여성교육의 선봉에 섰다. 한국인이고, 남자 선생으로서 이화학당을 지켜냈고, 해방 후에는 이화여고의 발전은 물론 법인을 발전시키면서 여러 학교를 설립함으로써 그는 이화는 물론 여성교육을 위한 교육자로서 존경을 받았다.

그는 평생 정동제일교회의 장로로 섬기면서 일생을 여성교육을 위해서 힘을 쏟았다. 그리고 이화여고를 생각하면 떠오르는 인물 유관순의 행적을 발굴한 것도 그였다. 1945년 해방과 함께 유관순에 관한 사료를 발굴해서 오늘날 온 국민 다 아는 유관순이 되게 했다. 이것은 그가 교육자로서, 그리고 이화학당의 한국인 지도자로서 이화인만을 위한 것이 아니라 우리나라를 위해서 기여한 큰 역할이었다. 따라서 이화여고 교정을 돌아보는 여정에서 신봉조라는 이름을 만나게 될 수밖에 없는 일이다.

스크랜턴
(Mary Fletcher Beton Scranton, 1832~1909)

　　현재 이화여고 본관 건물 앞에는 두 사람의 흉상이 있다. 하나는 이미 살펴본 신봉조 선생의 것이고, 또 하나는 지금 살펴보고자 하는 스크랜턴 여사의 것이다. 일반적으로 스크랜턴이라고 하면 감리교 선교사로 온 그의 아들 윌리엄 스크랜턴(William B. Scranton)을 생각한다. 하지만 그는 의사와 목사로 활동했고 아펜젤러보다 먼저 입경하여 매우 활발하게 사역을 했지만, 당시의 상황과 여러 가지 이유로 끝내는 조선을 떠나서 중국과 일본에서 생활을 했다. 그리고 아예 감리교회 선교사와 목사직까지 내려놓고 성공회교회에 입교하여 일반인으로 활동하다가 일본에서 여생을 마감했다.

　　이화학당은 아들인 윌리엄이 세운 것이 아니라 그의 어머니 메리가 세운 것이다. 그녀는 1832년 미국의 메사추세츠에서 태어나 1853년 스크랜턴(W. T. Scranton)과 결혼했으나 1872년 사별을 했다. 그 후 외아들인 윌리엄 부부와 함께 1885년에 선교사로 조선을 찾아왔다. 그러니까, 그녀는 아들과 함께 미국 북감리교회의 선교사로 와서 이제 막 바깥 세상에 눈을 뜨기 시작한 조선의 여명을 밝혀주는 일을 했다. 특별히 그녀를 기억하게 되는 것은 여기 이화학당을 통해서 은둔의 땅에 태어나 천시 여김을 받고 있는 여성

이화학당 창립자 메리 스크랜턴

한국여성 신교육의 발상지

들에게 신교육을 시작한 인물이기 때문이다. 따라서 이화학당의 역사를 계승하고 있는 현재의 이화여고와 이화여자대학교는 모두 스크랜턴 여사를 기억하고 있다. 그러한 관계로 이화여고 교정에는 물론이고 이화여자대학교에도 그녀의 흉상이 세워져 있다. 이것은 우연한 것이 아니라, 그녀가 없는 이화를 말할 수 없다는 사실 때문이다.

그녀가 조선에 와서 정동(현 러시아 대사관 자리)에 터를 잡았을 때, 그곳은 한양성벽이 지나는 곳이었다. 이러한 흔적은 지금도 이화여고 교정에서 관심을 가지고 살펴보면 성벽의 일부와 성벽을 쌓았던 돌들을 볼 수 있다. 그녀는 그곳에서 성벽에 기대어 사는 빈민들을 만났고, 그들의 처참한 모습을 보았다. 또한 무방비 상태로 방치되어 있는 아이들, 일정한 거처도 없이 돌아다니는 고아들이 눈에 띄었다. 이화학당은 이러한 아이들을 돌보는 것으로부터 시작되었다고 해도 틀리지 않는다. 실제로 그 고아를 돌보면서 가르치기 시작한 것이 이화학당의 시작이기 때문이다.

이화학당이 도약하는 계기가 되는 것은 1890년대에 들어와서 선교사들의 선교활동의 자유가 허락되었고, 선교정책을 수립하는 과정에서 교육사업을 주력사업으로 결정하면서다. 특별히 1890년 조선의 개화파 지도자였던 박영효의 딸이 이화학당에 입학해서 기숙을 하면서 지역의 빈민 출신 아이들과 함께 공부를 하게 되었을 때 주변 사람들의 의식이 바뀌고 많은 여자 아이들이 학교로 몰려들기 시작했다.

메리는 이화학당만 설립했거나 관심을 가진 것이 아니다. 당시 감리교 선교부가 설립하는 교회들이 있는 곳에는 여자학교를 세우도록 했고, 그 일을 진행할 수 있도록 직접 찾아다녔으며, 필요한 도움을 주거나 사람을 보내서 학교 교육이 이루어지도록 했다. 따라서 감리교회 선교구역 안에서, 특별히 경기, 충청권에서 그녀의 발걸음이 닿지 않은 곳이 없다. 가깝게는 경기도 시흥, 안산, 수원, 멀리는 충청남도 아산과 공주, 논산, 강경까지 여자 학교를 세우는 일에 관여했고, 필요한 것을 지원했다.

뿐만 아니라 메리 스크랜턴은 이미 살펴보았던 것처럼 우리나라 최초의 여성전문병원인 보구여관(保救女館)을 운영하면서 지금까지 조선에서는 경험할 수 없었던 것을 보게 하면서 여성의 건강을 지켜주는 일을 주도했다. 또한 아들이 운영하는 시병원(施病院)을 통해서 이화학당의 여학생들의 건강을 살펴주었다. 아들이 의사였기 때문에 병원에서 진료를 하는 것은 아들이었지만, 그녀의 활동은 우리나라 최초의 여성전문병원을 있게 한 것도 사실이다. 실제로 여자 환자를 남자 의사가 진료할 수 없는 정서였기 때문에 메리는 여자 환자들을 진단하는 역할을 해야 했다. 이렇게 그녀의 역할과 아들 스크랜턴의 열정으로 시작한 '보구여관'이라는 병원 이름은 이화학당이라는 이름의 경우처럼 명성황후가 하사한 것이다. 그리고 이 병원은 훗날 이화여자대학교 부속병원으로 역사가 이어졌다. 더 직접적으로는 이대 동대문병원을 거쳐서 부속병원으로 발전했다.

메리 스크랜턴은 자신이 설립한 이화학당을 후배 선교사인 로드와일러(Louise C. Rothweiler)에게 맡기고, 정동을 떠나 남대문 시장으로 거처를 옮겨 그곳에서 복음을 전하여 상동교회를 설립했다. 또한 그곳을 중심으로 부인들을 대상으로 하는 성경학원을 설립했고, 여성 지도자를 양성하는 일을 주도했다. 뿐만 아니라 메리는 직접 경기도 남부지

방인 수원을 중심으로 인근 안산, 이천, 충남의 공주지방을 순회하면서
전도와 교회를 세우는 일을 하다가 1909년 별세의 길을 갔다.

손탁호텔(孫鐸賓館, 100주년기념관)

앞에서 이화100주년기념관을 찾아보았기 때문에 반복되는 면이
없지 않다. 여기서는 손탁호텔을 중심으로 정리하고자 한다.

정동은 19세기말 조선에 외국인들이 들어와서 처음 자리를 잡은
곳이기에 역사적으로 남겨진 족적들이 많다. 그 가운데 하나가 손탁호
텔이다. 이 호텔이 직접적으로 기독교 역사와 어떤 관계를 갖고 있는가
하는 것은 예외로 하고, 이 호텔이 갖고 있는 역사적인 의미는 다양하다.
물론 이 호텔은 선교사를 비롯한 외국인들의 교제 장소이면서 동시에
머물 수 있는 곳이었다. 따라서 손탁호텔은 비록 직접적으로 기독교 역
사에 영향을 미친 것은 아니지만, 정동의 기독교 유적을 찾아보는 과정
에서 그냥 지나칠 수 없고, 지리적인 위치로 생각하면 더욱 그렇다.

손탁호텔은 이화여고 동문에 들어서자마자 정면에 있는 100주년
기념관 건물이 자리하고 있는 터에 있었다. 일반적으로 이 호텔이 한국
최초의 서양식 호텔이라고 알려져 있지만 사실 최초는 인천에 있었던 대
불호텔이다. 어떻든 손탁호텔이 있었던 자리에 지금은 이화여고 100주
년기념관이 세워졌다. 이 건물을 이화학당이 구입한 것은 1017년이다.
이때 호텔을 구입해서 이화학당의 기숙사로 사용하다가 1922년 호텔을
헐고 프라이기념홀을 지어서 학교 건물로 사용했다. 1975년 화재로 소실
된 후 현재의 100주년 기념관을 지어서 다목적 용도로 사용하고 있다.
현재 주차장 입구에는 그 터가 손탁호텔이 있던 곳임을 표지석을 세워
서 알려주고 있다.

손탁(A. Sontag, 1854~1925)은 독일 국적의 여성이다. 그러나 그녀

옛 손탁호텔

는 본래 프랑스의 알자스로렌(현, Alsace Moselle)이라는 곳에서 태어났다. 그런데 프랑스와 독일의 지역분쟁에서 프랑스가 지면서 그녀가 살고 있던 곳이 독일로 편입이 되어 독일 국적자가 되었다. 그녀가 한국에 온 것은 1885년 10월로 알려져 있다. 주한 러시아 공사인 카를 이바노비치 베베르(Carl Friedrich Theodor von Waeber)와 함께 와서 러시아 공사관의 보호를 받으며 한국에서 25년간 (1885~1909) 생활했다.

손탁호텔 새김돌

그녀는 영어, 독일어, 프랑스어, 러시아어 등에 능통했다. 이러한 그녀를 베베르 공사가 궁내부(宮內府)의 외국인 접대업무를 담당할 수 있는 인물로 추천했고, 그녀의 탁월한 감각과 능력은 고종황제와 명성황후의 신임을 얻게 되었다. 그러던 차에 청나라의 내정간섭이 심해지기 시작했고, 이에 대해서 러시아는 견제를 하는 입장이 되었다.

이때 손탁은 궁내부와 러시아 공사관을 연결하는 역할을 하면서 반청(反淸)운동을 도왔다. 무능력했던 조선정부는 청나라의 간섭을 물리칠 수 있었다는 안도감에 손탁의 역할에 대한 고마운 마음을 담아 고종이 직접 정동 29번지의 대지 1,184평과 한옥 한 채를 하사했다. 손탁은 이 건물을 당시 서울에 있는 외국인들의 사교장소로 개방을 했다. 1896년 2월 11일 아관파천(俄館播遷) 때는 왕실과 연락을 하는 연결고리 역할을 했다. 또한 손탁은 이 장소를 정동구락부가 항일운동을 전개할 때 그들의 본거지로 사용하게 했다. 이러한 사실에 대해서 고종황제는 1898년 3월 16일 그녀에 대한 신뢰와 함께 고마운 마음을 담아 그 자리에 한옥을 헐고 5개의 방이 있는 양관(洋館)을 지어서 하사했다. 이 건물을 약간 손을 보아 호텔로 사용했다. 이것이 서울 장안에서 최초의 호텔이라고 할 수 있다.

조선이 대외관계를 확장할 수밖에 없는 시대적 변화가 있었지만 정작 내부적으로 그러한 변화에 대처할 수 있는 준비가 전무했다. 숙박시설이라는 측면에서도 마찬가지였다. 외국인들이 많이 들어와서 일시 머물게 되는데, 그들이 머물 수 있는 숙박시설이 전무한 상태였다. 이때 유일한 호텔이 손탁빈관이었다. 이러한 상황에서 조선정부는 1902년 10월 내탕금(內帑金)을 투자해서 양관을 헐고 그 자리에 2층 양관을 다시 지어서 영빈관으로 운영하게 했는데, 그 경영권을 손탁에게 주었다. 이렇게 만들어진 것이 손탁호텔이고, 이 건물은 20세기에 들어오면서 격랑의 물결에 휘둘리는 조선의 현실을 직접적으로 경험하는 주인공이 되었다. 또한 이곳은 우리나라 근대사에서 서양요리와 호텔식 커피숍을 처음으로 경험하게 하는 곳이었다. 그러나 1909년 그녀가 돌아가면서 이 호텔은 매각되었으며, 1917년에 최종적으로 이화학당이 인수하여 현재에 이르고 있다.

이제는 그 흔적을 찾아보는 것조차 불가능하게 되었지만 정동의 한때를 지켜온 역사의 현장이다.

중화한성교회(정동 25)

　중국인들이 한국에 살기시작 한 것은 정확하게 알 수 없으나 우리 역사와는 오랜 일이다. 특히 조선은 다른 나라에 대해서는 철저하게 폐쇄적이었으나 중국과는 친밀한 관계를 유지하고 있었기 때문에 중국인이 조선에 자리를 잡는 것은 상대적으로 쉬운 일이었다. 더욱이 동학혁명이 일어났을 때, 조선은 외국군대에 의존해서 혁명군을 제압해야 할 만큼 쇠약한 상태였다. 그것이 빌미가 돼서 청나라군이나 일본군이 조선에 주둔하게 하는 상황을 자처한 꼴이 되고 말았다.

　그러니 중국인들이 조선에 사는 것은 자연스러운 일이었다. 청일전쟁에서 청나라가 지면서 그 위세가 일본에 밀리기 시작했지만 당시까지만 하더라도 중국인이 조선에 더 많이 거주한 것도 사실이다. 조선이 개화기를 맞이하면서 조선 자체가 풍전등화와 같은 상황이었기 때문에 국내에 거주하고 있는 외국인들에 대한 정책 같은 것은 기대할 수 없었다.

　더욱이 국내에 거주하고 있는 외국인들에게 복음을 전해야 하겠다는 의식을 갖는 것은 결코 기대할 수 없는 일이다. 선교사들이 국내에 들어와서 활동하면서도 중국인들에게 전도하는 것을 기대하는 것도 무리였다. 그러던 차에 조선에 정착한 중국인들에 대한 관심을 가지게 된 것

데이밍 선교사

은 한 중국인과 한 여자 선교사의 만남에서 비롯되었다. 훗날 이 교회의 장로가 된 차도심(車道心)이라고 하는 중국인 청년이 조선에 와서 활동하다가 YMCA에서 사역을 하고 있었던 감리교 선교사인 데이밍(Mrs. C. S. Deming, 都伊明)을 만났고, 1912년 5월 그녀와 함께 YMCA의 공간을 빌려서 기도회를 갖기 시작한 것이 이

교회의 효시다.

　차도심은 산동반도 옌타이(烟台)에서 근근이 살면서 중의학을 배웠고 어떤 계기가 있어서 조선에 올 수 있는 기회를 얻게 되었다. 그가 조선에 와서 활동하고 있을 때 우연히 만나게 된 데이밍은 사실 중국 저장성 금화(金華)라고 하는 곳에서 태어난 선교사의 자녀였다. 그녀는 중국에서 자라면서 중국어를 터득했고, 조선에 와서 활동하게 되었지만 중국인 전도에 대해서는 항상 꿈으로 갖고 있었다. 데이밍이 중국어를 할 수 있던 상황에서 차도심과의 만남은 새로운 일을 찾은 것과 같았다. 데이밍의 제안에 따라서 차도심은 YMCA에서 방을 하나 빌려서 기도회를 시작했다. 그리고 정기적인 예배를 드리면서 조선에 살고 있는 화교들에게 복음을 전할 수 있는 기회를 만들었다.

한성교회

정초석

한국기독교 역사 현장을 찾아서

이렇게 시작한 중화한성교회는 이듬해인 1913년 서소문에 예배당을 마련하여 정기적인 예배를 드리게 되었다. 화교들을 전도하는 것은 어려운 일이었다. 대상이 중국인기도 했지만 한국에서의 화교들의 지위가 확고하지 않았고, 생존하는 것만도 어려운 상황이었기 때문에 그들이 새로운 종교로 개종을 하거나 신앙생활을 해야겠다는 적극적인 자세를 갖는 것이 결코 쉽지 않은 일이었다. 그러나 화교들을 대상으로 전도를 시작한 결과 국내에 살고 있는 중국인들이 교회에 나오기 시작했고 개종자들이 늘어났다. 이렇게 어렵게 시작된 화교들의 교회는 화교들이 많이 살고 있는 도시에 설립되었다. 한성교회, 평양교회, 원산교회, 청진교회, 부산교회, 수원, 인천 등지에 각각 교회가 세워지면서 늘어났다.

그러나 중화한성교회는 한국전쟁과 함께 위기를 맞았다. 6·25전쟁과 함께 마련했던 예배당이 완전히 파괴되었고, 서울에 살고 있던 화교들이 생존을 위해서 모두 흩어졌거나 서울로 돌아오지 않았기 때문이다. 게다가 6·25전쟁 이후에 한국 사회의 분위기는 반공사상으로 인해 적개심이 심화되면서 중국에 공산정부가 들어섰고, 국교가 없는 상태가 됨으로써 화교들은 난민의 지위를 가질 수밖에 없었다. 또한 북한에 있

한성교회 입구

는 화교들과의 관계도 단절되어 왕래조차 불가능하게 되었다. 공산 국가의 국적을 가지고 있는 사람들의 신분으로 한국 사회에서 살아남는 것 자체가 어려운 일이었다. 따라서 6·25전쟁 이후 1992년 한중수교가 체결되기 이전까지 한국에서 화교들의 신분은 불완전했다. 그 결과 많은 화교들이 한국을 떠나서 제3국으로 재 이민을 선택하게 되면서 한국에 살고 있는 화교들의 수는 점점 줄게 되었다.

예배당도 없는 상황에서 소수의 한성교회 신자들은 시작부터 관계를 갖고 있었던 YMCA에 부탁을 해서 모임을 가질 수 있는 공간을 빌려서 모였다. 그러다가 현재 한성교회 근처(새문안로 쪽에 있었던) 피어선성경학교를 빌려서 예배를 드리기도 했다. 예배처소를 확보하는 것조차 어려운 상황에서 이에 대한 관심을 갖게 된 사람은 미스 헬렌 매클래인(Miss. Helen McClain)이었다. 그녀가 중국인교회에 관심을 갖게 된 것도 우연한 것이 아니었다. 그녀는 중국에서 선교를 하다가 중국 정부가 공산정권을 수립했기 때문에 더 이상 중국에 있을 수 없게 되었다. 따라서 그녀는 중국을 떠나서 파키스탄에서 영어를 가르치다가 1955년에 한국에 와서 살고 있었던 여자 선교사였다. 한국에서 그녀는 잊고 있었던 중국인 선교가 가능함을 발견하고 화교 교회의 재건을 위해서 백방으로 뛰었다.

한성교회는 그녀의 수고로 모금한 헌금을 가지고 1958년 예배당을 지어 현재까지 사용하고 있다.

알렌(Horace Newton Allen)의 사택터(정동1-11)

정동은 초기 선교사들이 공식적으로 허락받은 공간이었기 때문에 당시에 입국한 선교사들은 모두 정동에 족적을 남겼다. 하지만 모든 이들의 족적을 찾아보는 것은 현실적으로 불가능하다. 그럼에도 기억해야만 하는 사람들이 있다. 그 중에 하나가 알렌일 것이다.

조선이 국제사회의 일원으로 나아가는 과정은 우여곡절이 많았다.

우여곡절이라고 하기 보다는 조선이 몰락하는 과정과 함께였다고 하는 것이 더 실제적인 표현일 것이다. 철저하게 폐쇄적인 정책을 펼쳐온 조선으로서는 국제사회의 일원이 되는 것이 결코 간단하지 않았다. 어떻든 그러한 과정을 통해서 국제사회에 개방을 천명하고 열강들과 외교관계를 체결하는 조약에 서명을 해야만 했다.

한편 신흥 강국으로 등장하면서 정치적, 경제적 주도권을 확실하게 잡아가고 있는 것은 미국이었다. 미국의 성장과 함께 미국 교회들은 그즈음 세계선교에 나서고 있었다. 미국의 교회들이 선교 대상국을 찾아서 선교계획을 수립하는 과정에서 은둔의 나라 조선이 눈에 띄었다. 미국 교회가 조선을 찾았다고 하기 보다는 그들의 눈에 띄었다는 표현은 의도적인 것으로써 그만큼 미국 교회는 조선을 몰랐고, 조선 선교를 위한 적극적인 준비가 있었던 것은 아니라는 의미이다. 비록 그렇게 진행되었지만 은둔의 나라 조선에도 복음이 전해질 수 있는 기회가 주어졌다.

그렇게 미국의 장로교회와 감리교회들이 조선을 선교 대상국으로 삼겠다는 의지를 밝히면서 구체적으로 선교를 시작했다. 미국 교회들 가운데서도 북장로교회와 북감리교회가 제일 먼저 조선을 선교하기 위해서 나섰다. 그 중에 제일 먼저 조선에 입국하는 것은 북장로교회 소속 의료 선교사인 알렌(Horace Newton Allen, 安連, 1858~1932)이다. 그는 1884년 9월 20일 입국함으로써 조선에 입국한 최초의 선교사다. 다만 그가 입국할 당시 공식적인 신분은 미국영사관의 공의(公醫)였기 때문에 최초의 선교사로 인정하지 않는 경향이 있지만, 그가 미국 북장로교회 선교사로서 입국한 것은 분명하다.

알렌 선교사

그는 본래 중국선교사로 파송되었지

만 현지에 적응하지 못하고 철수할 것을 고려하고 있던 중 북장로교회 선교부가 조선 선교를 추진하면서 선교사를 찾고 있다는 소식을 듣고 자원하게 되었다. 그는 이미 중국에서 선교사로서 사역을 시작했지만, 사실상 철수하려고 하는 시점에서 어차피 돌아가야 한다면, 조선에 가서 다시 한 번 선교사로서 사역을 해보겠다는 생각이었다. 이렇게 해서 그가 조선에 입국하는 시점이 미국에서부터 출발한 선교사들보다 빨랐다.

그런데 그가 입국한 지 얼마 지나지 않은 1884년 12월 4일 개화파 정치인들이 주도한 갑신정변이 일어났다. 이 정변에서 당시 수구파의 우두머리인 민영익이 중상을 입었는데, 그를 치료하는 것을 계기로 해서 조선정부는 최초로 서양식 병원(광혜원, 후에 제중원)을 설립했다. 당시 서양의 외과적인 의술이 조선 사회에서는 놀라운 것이었다. 이것이 계기가 되어서 알렌은 조선정부의 적극적인 지원을 받아 이 병원을 운영하게 되었다. 선교사로서 이러한 기회를 얻는 것은 결코 쉬운 일이 아니다. 조선정부가 자금과 건물, 운영까지 지원하는 가운데 진료만 하면 되는 상황이었으니, 그에게 있어서는 놀라운 일이 아닐 수 없다. 그 뿐이 아니다. 그는 고종 황제의 어의(御醫)로 임명되어 한 나라의 왕의 건강을 돌보는 기회를 얻음으로써 조선 선교의 길을 열어주었다. 물론 이러한 알렌의 사역과 제중원의 운영에 대해서 온전한 선교병원으로 인정할 수 있는 것인지에 대해서는 여러 가지 이견이 있음도 사실이다.

하지만 그의 선교사로서의 사역은 길지 않았다. 3년 정도 제중원을 통해서 의료 선교사로서 사역을 한 후 안식년을 맞아 휴가차 미국으로 돌아갔다. 그리고 그가 다시 한국에 돌아올 때는 더 이상 선교사 신분이 아니었다. 미국에 돌아가서 그는 선교사로서의 직분을 내려놓고 외교관 신분으로 조선에 재입국했기 때문이다. 즉 그는 1890년 7월부터는 미국 공사관 서기관으로, 1897년 7월부터는 주한 미국공사로 활동했다.

광혜원(제중원)

　그가 처음 미국 공사관의 공의(公醫)의 신분으로 입국했을 때, 미국공사 푸드(Lucius Harwood Foote, 福德, 福特, 1826~1913)가 주선하여 정동에다 집 한 채를 매입했다. 그것이 현재 중명전 일대(정동 1-11)인 데, 이곳은 본래 주일(駐日) 미국 북감리교회 선교사인 맥클레이(Rober S.

중명전을 짓기 전 알렌의 집

알렌의 집 터에 지은 중명전

Maclay, 1824~1907)가 선교거점으로 확보하기 위해서 푸트공사에게 부탁을 하고 돌아갔던 것인데, 공사관의 편의에 따라서 이들보다 먼저 서울에 도착한 알렌이 차지했다. 그러니까 현재 중명전이 지어지기 전에 그곳에는 알렌의 집이 있었던 곳이다.

이곳에 자리를 잡은 알렌은 이웃해 있는 정동 1-9, 정동 1-45, 정동 13-1의 땅을 매입했다. 이렇게 마련한 집은 1885년에 서울에 들어온 같은 미국북장로교회 선교사 언더우드의 몫으로 돌아갔다. 불과 몇 개월 앞서 들어왔지만 알렌이 마련한 이곳을 근거지로 삼은 언더우드는 정동을 거점으로 하는 사역을 시작할 수 있었다. 언더우드는 1886년 2월에 고아원을 개설하기 위해서 바로 길 건너편에서 대지(정동31번지, 이화여고 심슨홀 일대)와 그 주면의 집들 5채를 더 구입해서 경신학당(예수교학당)의 출발지로 만들었다. 이미 이화여고의 심슨홀을 찾아보면서 언급했지만 심슨홀 주변은 언더우드가 설립한 경신학교가 있었던 곳이다.

1886년부터는 알렌의 집에 독신 여 선교사들이 거처하면서 활동했다. 이듬해인 1887년 알렌이 안식년으로 미국으로 갔을 때 북장로교

회 여 선교사 엘러스(Annie Ellers)가 정동여학당(정신여학교)을 경신학당 부설로 설립해서 사용하다가 1895년 종로 연지동으로 학교를 옮겨갔다. 따라서 1898년 대한제국이 이 터를 수용하여 이듬해인 1897년 수옥헌을 지었으나 1901년 화재로 전소되었던 것을 다시 중건하였다. 그리고 1906년에 현재 사용하고 있는 중명전이라는 택호를 가지게 되었다. 그러한 의미에서 중명전은 알렌의 집터이면서 정신여학교가 시작된 곳이다.

1897년 조선정부가 덕수궁을 확장하면서 알렌의 집터를 수용했고, 1898년 1월 그 자리에 서양식 1층 건물을 완성해서 수옥헌(漱玉軒)이라 이름을 짓고 황실 도서관으로 사용했다. 하지만 이 건물은 1901년 화재로 소실되고 말았다. 따라서 그곳에 현재의 2층 건물을 다시 지었는데, 1904년 경운궁(덕수궁)에 화재가 났을 때 고종 황제가 이 수옥헌으로 거처를 옮기면서 수옥헌을 중명전으로 개명해서 고종이 강제로 퇴위를 당하던 1907년까지 사실상 이곳에 거처하면서 국정을 보았던 곳이다.

이 건물은 1905년 을사늑약이 체결되는 현장이 되었고, 1907년 고종 황제가 이준 등을 헤이그 밀사로 파견한 곳이었으며, 그것을 빌미로 일제에 의해서 고종은 강제로 퇴위를 당해야 했다. 1910년 한일병탄이 이루어진 다음에는 덕수궁이 축소되면서 궁 밖으로 분리되면서 경성구락부가 외국인들의 사교장소로 사용하다가 1925년 화재로 건물 외벽을 제외하고 모두 소실되고 말았다. 다행히 외형은 그대로 남아서 오늘에 이르고 있다.

언더우드(Horace Underwood) 사택 터(정동32)

언더우드(元杜尤, 1859~1916)는 미국 북장로교회 선교사로 1885년 4월 5일 제물포항에 도착함으로써 조선 선교를 시작했다. 그는 먼저 입경해서 활동하고 있던 같은 선교부 소속 선교사인 알렌의 안내를 받아 정동의 알렌이 살고 있는 집 바로 앞에 거처를 확보했다. 알렌의 집이 현재의 중명전이 있는 자리였고, 바로 앞에 있는 것이 언더우드의 집이 있었다. 그곳이 현재 예원학교가 있는 곳이다. 현재도 중명전과 예원학교는 담 하나를 사이에 두고 이웃해 있다.

예원학교 운동장에는 언더우드의 집이 있었던 곳이라고 짐작할 수 있는 어떤 것도 없다. 현재는 그저 학생들이 뛰어놀 수 있는 공간일 뿐이다. 하지만 이곳은 언더우드가 거처를 마련하고 선교를 시작한 곳이다. 지금은 그 흔적을 찾을 길이 없지만 은둔의 나라 조선에 와서 지극히 제한된 조건하에서 선교의 장을 만들어갔던 곳이라는 것을 생각하면서 운동장을 바라보노라면 감회가 깊어진다.

언더우드는 이곳에 집을 마련하고 조선 선교의 출발지로 만들었다. 물론 그의 초기 사역은 녹록하지 않았다. 우선 복음을 전하지 않는다는 조건으로 입국했기 때문에 직접적으로 복음을 전할 수 없었다. 그러므로 그는 이곳에 자리를 잡은 후 선교를 위한 방법을 모색했다. 그것은 입

한국기독교 역사 현장을 찾아서

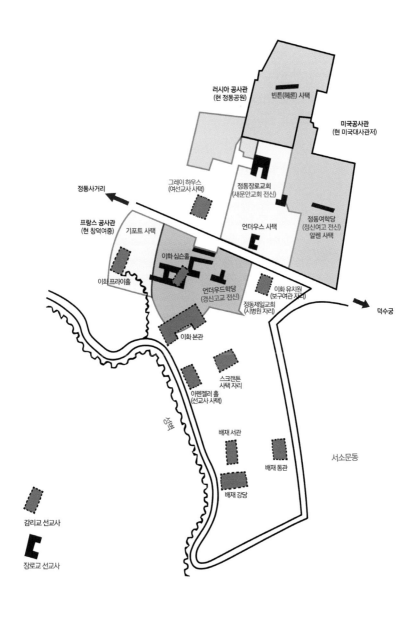

1890년대 정동지역 선교사 건물 분포도

러시아 공사관
(현 정동공원)

빈튼(해론) 사택

미국공사관
(현 미국대사관저)

정동사거리

그레이 하우스
(여선교사 사택)

정동장로교회
(새문안교회 전신)

프랑스 공사관
(현 창덕여중)

기포트 사택

언더우스 사택

정동여학당
(정신여고 전신)
알렌 사택

이화 심슨홀

이화 프라이홀

언더우드학당
(경신고교 전신)

이화 유치원
(보구여관 자리)

정동제일교회
(시병원 자리)

덕수궁

이화 본관

스크랜튼
사택 자리

아펜젤러 홀
(선교사 사택)

배재 서관

서소문동

배재 동관

배재 강당

감리교 선교사

장로교 선교사

국조건에 허락을 받은 학교를 만드는 것이었다. 이곳에 있던 그의 집 사랑채에서 고아를 돌보면서 자연스럽게 시작한 것이 우리나라 최초의 고아원이다. 그리고 그것이 발전하면서 만들어진 것이 훗날 경신학교가 된 언더우드학당이다. 그리고 경신학교와 함께 연희전문학교를 만드는 작업을 한 것도 이곳이었다.

　　그는 선교의 자유도, 여행의 자유도 없는 상황에서 도심에서 거처도 없이 방황하고 있는 아이들을 모아서 돌봤다. 그것은 특별한 계획에 의한 것이 아니라 눈에 띄는 아이들을 모르는 척할 수 없었기 때문에 그로서는 당연히 해야 하는 것이었다. 그렇게 해서 한 명의 아이를 돌보는 것을 시작으로 1886년 5월 11일 사실상 고아원을 시작하게 되었다. 아이들이 늘어나면서 그냥 돌보는 것으로 만족할 수 없었다. 거리의 아이들을 수용하는 것이 전부가 아닌 것은 그들에게 미래가 없기 때문이다. 따라서 아이들을 가르쳐야 한다는 생각이 그로 하여금 학교를 만들도록 했다. 특별히 학교 시설을 갖춰서 시작한 것은 아니지만 아이들을 가르치면서 자연스럽게 학교로 발전했다.

예원학교 운동장에 있었던 언더우드의 집

고아들을 돌보다 보니 기숙시설을 갖춘 기숙학교(The Home and School for Orphan Boys)가 될 수밖에 없었다. 이렇게 시작한 것이 처음에는 그의 이름을 따라서 언더우드학당이라고 했고, 후에는 예수교학당(1891), 민노아학당(1893), 최종적으로는 경신학당(1905)으로 교명을 바꾸어서 현재에 이르고 있다. 어떻든 지금은 운동장이 되어있지만 이곳은 언더우드가 살면서 고아원과 학교를 시작한 곳이다.

하지만 고아원과 학교는 집에서 계속하기에는 공간이 너무나 협소

신약번역 위원회(1902) 앞줄 좌로부터 레이놀즈, 언더우드. 게일, 존스, 뒷줄 문경호, 김명준, 정동명

신약번역 위원회(1904) 앞줄 좌로부터 레이놀즈, 언더우드, 게일, 뒷줄 김정삼, 김명준, 이창직

했다. 따라서 길 건너에 있는 현재의 이화학당 심슨기념관 터(정동 31)를 중심으로 하는 주변의 땅과 집들을 매입해서 경신학당을 위한 공간을 확보했다. 이렇게 하여 길 건너편인 이화학당 쪽에 경신학교가 세워졌다가 후에 장로교 선교부가 옮겨가면서 1901년 경신학교도 이전하게 되었다.

그러나 언더우드의 집은 고아원과 학교의 시작이라는 의미만 있는 것은 아니다. 사실상 초기 선교역사의 대부분의 일들이 그의 집에서 시작되었다고 해도 틀리지 않는다. 선교에 자유롭지 못했던 초기에 그의 집은 선교사들이 모이는 장소였고, 무엇을 하던 그곳이 처음 시작하는 장소가 될 수밖에 없었다. 1887년 2월 7일에는 언더우드가 중심이 되어서 스크랜턴과 헤론 등이 그의 집에서 '성서번역위원회'를 조직했다. 이 것이 훗날 성경을 완역해 내는 일을 했고, 그것은 대한성서공회의 모체가 되었다. 사실상 조선을 선교하는데 있어서 가장 중요한 일이 그의 집에서 시작된 것이다. 또한 1890년 6월 25일에는 북장로교회 소속 선교사인 헤론이 중심이 되어서 대한기독교서회의 모체인 '조선성교서회'가 발족한 곳도 언더우드의 집이다.

그런가 하면 서울에서 조선 최초의 조직교회인 새문안교회가 시작된 곳도 그의 집이다. 1887년 9월 27일 밤 언더우드의 집에서 14명의 조선인 신자들이 모여서 장로를 세우고 조직교회를 설립했다. 이것이 현재의 새문안교회다. 그러한 의미에서 언더우드의 집은 한국 선교의 요람이라고 할 수 있다.

언더우드(Horace Grant Underwood, 1859~1916)

그는 공식적인 선교사 신분으로 비자를 받고 들어온 최초의 인물이다. 물론 그가 제물포항에 도착했을 때에는 미국 북감리교회 선교사인 아펜젤러 부부와 함께였다. 하지만 아펜젤러 선교사 부부는 제물포

호러스 언더우드

에 잠시 머물다가 다시 일본으로 돌아갔다가 7월 29일에 서울에 입경했다. 반면에 언더우드는 1885년 4월 5일에 입국한 후 인천에서 정세를 살피고 곧바로 서울로 올라와서 알렌의 주선으로 정동에 자리를 잡고 사역을 시작했다.

언더우드는 미국 북장로교회 선교사로 내한했지만 그의 고향은 영국 런던이다. 그는 1859년 9월 9일 6남매의 형제 중에 4째로 태어났다. 그의 부모는 그가 13살이 되던 1872년에 미국으로 이민을 갔다. 새로운 땅에서 꿈을 이루겠다는 다른 이민자들과 같은 소망을 갖고 미국으로 이주하여 성공적으로 정착을 했고, 나아가서 상당한 크기의 기업을 일구었다. 이것은 훗날 언더우드가 조선에 선교사로 와서 활동하는 중에 필요한 자금을 지원받을 수 있게 했다. 언더우드가 활동하던 당시 재조선 선교사들은 그를 가장 부러워한 경우들이 있었다. 그는 선교부로부터 지원이 되지 않더라도 자신이 하려고 하는 일은 본가로부터 지원을 받아서 거침없이 추진할 수 있었기 때문이다.

그는 1881년 뉴욕대학교를 졸업하고 이어서 뉴 부른스위크(New Brunswick)에 있는 화란개혁파신학교(Dutch Reformed Seminary)에 입학하여 1884년에 졸업했다. 그가 신학교를 졸업하는 해에 마침 북장로교회 선교부에서 조선 선교를 결정하고, 지원자를 모집하고 있었다. 그는 선교사로서의 꿈을 갖고 자신의 미래를 선택했다. 그해 가을에 북장로교회 선교사로 임명을 받았고, 그해 11월에 화란개혁파교회에서 목사로 안수를 받았다. 안수를 받자마자 그는 이미 조선으로 파송될 선교사로서 자신이 무엇을 해야 할는지 생각하면서 바삐 준비해야 했다. 그리고 안수를 받은 지 불과 얼마 되지 않아서 조선으로 향하는 배에 그의 몸을 실었다.

1885년 4월 5일 제물포에 도착한 그는 바로 서울에 입성했다. 서울에 도착하자마자 이미 의료 선교사로 활동하고 있던 알렌을 도와서 제중원에서 약제사로 조역을 감당하면서 알렌이 시작한 의학강습반에서 물리와 화학을 가르치기도 했다. 정동에 정착하여 1년이 지난 시점인 1886년 5월에 독자적인 선교활동을 본격적으로 시작했다. 우선 가능한 것부터 시작했는데, 고아들을 모아서 함께 살면서 가르치는 일을 했다. 이것이 후에 경신학당과 정신여학당으로 발전했다. 또한 개인적으로는 복음을 전할 수 있는 기회가 있을 때는 결코 놓치지 않고 열심히 뛰었다.

따라서 그에게는 최초라는 수식어가 많이 붙게 되었다. 예를 들어서 국내에서 행해진 최초의 세례가 그에 의해서 1886년 7월 노춘경(일명 노도사)에게 베풀어졌다. 또한 이듬해 1월에는 황해도 장연에서 찾아온 서경조, 최명호, 정공빈 등에게 세례를 주어서 한국 최초의 교회인 소래교회의 중심이 되도록 했다. 그해 2월에는 성경번역위원회를 조직하여 회장이 됨으로써 한국 교회에 하나님 말씀을 읽을 수 있는 길을 열어주었다. 12월에는 자신의 집에서 7명의 신자에게 성찬을 행함으로 진정한 교회를 성립시켰다.

1889년 3월에는 의료 선교사로
활동하고 있던 호턴(Lillias S. Horton)
과 결혼했다. 그러나 그에게는 결혼
까지도 선교의 연장선으로 활용했다.
당시 선교사들의 여행이 자유롭지
못했기 때문에 지방을 가기 위해서는
여행허가를 받아야 했다. 그는 결혼
식을 한 다음에 신혼여행을 빙자해
서 의주를 방문하여 그곳에 있는 신
자들에게 압록강에서 세례를 줄 수
있는 기회를 만들었다. 이러한 그의
역할과 행동은 어떤 것 하나에 국한

릴리어스 호턴 언더우드

되지 않고 다방면에서 준비하고 만들어냈다. 은둔의 나라를 찾아온 그
에게 이 나라의 언어를 배우고 그것을 활용하는 것 역시 쉬운 것이 아니
었다. 때문에 그는 직접 영한사전과 조선말 문법을 만들어냈다. 물론 당
시 조선에는 사전이나 성경을 인쇄할 만한 시설이 없었기 때문에 일본
요코하마에서 출판할 수밖에 없었다.

    그의 이러한 활동은 자신의 일로 만족하지 않았다. 오직 조선을 선
교할 수 있는 것이라면 그 길을 타진했고 열어가는 일도 스스로 찾아서

조선말 한영자전(1890)
(장신대학교 소장)

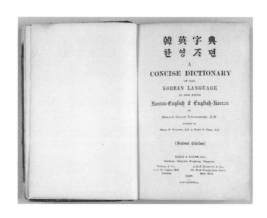

했다. 1891년 3월에 부인의 건강이 악화돼서 안식년을 얻어 미국으로 돌아가 1년 반을 체류할 수 있는 기회가 있었다. 이때에도 그는 오직 조선 선교에 대한 일념으로 동분서주했다. 당시 조선은 미국인들에게 극동아시아에 있는 미지의 한 나라였을 뿐이다. 지역을 순회하면서 조선을 알리고, 조선 선교의 필요성과 가능성을 열심히 알렸다. 그 결과 미국의 남장로교회와 캐나다장로교회가 조선 선교를 하겠다는 답을 얻어내고야 말았다.

앞에서 살펴본 것처럼 현재 한국 교회가 사용하고 있는 한글성경을 번역하는 일에 선교사들과 협력해서 결정적인 역할을 한 것은 한국 교회가 지구상에 존재하는 한 잊어서는 안 될 일이다. 그가 직접 초대 위원장이 돼서 한국 교회의 미래를 위해서 가장 중요한 성경을 한글로 번역함으로써 한국인들이 직접 읽을 수 있게 했다. 따라서 선교사들에게 성경 번역의 시급함을 나누고 그 일을 추진해서 공인된 한글 성경을 번역해 내고야 말았다. 물론 성경 번역은 그가 혼자서 감당할 수 있는 것이 아니기에 여러 선교사들의 협력이 필요했다. 당연히 그 자신도 번역에 동참하였다. 예를 들어서 누가복음이 그에 의해서 우리가 읽을 수 있게

왼쪽부터 언더우드 발행(1894), 그래함 리 발행(1895), 찬송가(1909)
- 사진 (이상규 교수)

한국기독교 역사 현장을 찾아서

된 대표적인 성경이다.

뿐만 아니다. 그는 1893년 우리말 찬송가를 제작했다. 예배에 있어서 없어서는 안 되는 찬송가지만, 그것을 보급하기 위해서는 많은 준비가 필요했다. 어려운 여건에서 우리말 찬송가를 만든 것 역시 한국의 최초 찬송가다. 또한 그해 12월에는 초교파적으로 사용할 수 있는 환자들을 위한 휴양소를 설립했다. 이것 역시 최초인데, 선교현장에서 매우 필요한 것이었다.

그의 사역은 조선의 격변기에 시작했기 때문에 선교의 본연의 일이 아니라 조선의 정세와 관련해서 본의 아니게 주어진 일들도 많았다. 그 중에도 1895년 10월 8일 을미사변(명성황후 시해사건)이 있은 후 고종 황제는 신하들조차 믿을 수 없게 되었다. 따라서 고종 황제의 침실에서 수직(守直)을 서야 했다. 황제가 침실에서 잠을 자는 동안 권총을 차고 지켜야 했다. 그것은 단순히 황제를 지키는 일을 한 것 이상의 큰 의미를 동반했다. 선교사가 권총을 차고 조선의 왕 침실을 지키는 장면을 상상해보라. 이것은 조선 선교에 있어서 큰 영향을 주었다. 절대군주로서 백성을 소유하고 있던 시대에 신하도 믿지 못하는 상황이 됨으로써 서

대한제국 황제 고종

양인이고 선교사임에도 황제가 선교사인 언더우드, 에비슨과 같은 이들을 신뢰하고, 의지하고 있는 모습이었기 때문에 국민들은 선교사와 기독교에 대해서 긍정적으로 생각하는 의식의 변화를 일으켰다. 곧 국민들에게 기독교와 선교사들을 대할 때 호교적(護敎的)이고 친밀감을 갖게 했기 때문에 기독교와 선교사들에 대한 저항감이 상대적으로 적어지게 했다.

1900년 9월 신약성경 번역을 완성하고 감사예배를 드린 것은 그에게 있어서 잊을 수 없는 감격이었다. 구약을 완역하기까지는 더 많은 시간이 필요했지만, 그에게 있어서 신약성경의 완역은 가장 큰 기쁨이었다. 그 외에 1897년 한국교회신문(그리스도신문) 창간, 1905년 선교사들

Korea Review와 코리아 미션필드

을 위한 선교잡지 Korea Review를 창간함으로써 한국 교회를 위한 소통과 선교의 장을 만들어가는 역할을 했다. 이러한 신문과 잡지는 한 시대의 문화와 신앙을 이끌어주는 것으로 한국 교회에 지대한 영향을 주었다.

특별히 그를 주목하게 되는 것은 한국장로교회가 완전한 치리회인 총회를 조직할 때, 즉 1912년 최초의 총회가 조직되면서 초대 총회장에 그가 피선되었다. 장로교회의 첫 번째 선교사로 입국해서 한국장로교회를 세우는 역할을 했고, 초대 총회장이 됨으로써 한국장로교회를 세우는 일에 있어서 시작부터 완성까지를 주도한 모습을 남겼다.

한편 그는 북장로교회 소속 선교사이지만 선교현장에서는 연합 사

1914년 한국선교30주년 기념연설 중인 언더우드(출처-국민일보)

업에 적극적이었다. 앞에서 살펴본 것처럼 성경을 번역하는 일이나 환자들을 돌보는 일에 있어서는 초교파적으로 연합하기에 주저하지 않았다. 그 대표적인 것 중에 하나가 지금의 연세대학교가 세워지는 과정이다. 1915년 장로교회, 감리교회, 캐나다연합교회가 연합하여 한국에 제대로 된 대학을 세우는 사업을 하는 데, 실제적으로는 그가 주도적인 역할을 하면서도 여러 선교부가 참여하도록 했다. 서울 YMCA회관에서 임시로 개교하여 이미 운영하고 있는 경신학교 대학부로 인가를 추진해서 그 자신이 교장에 취임하여 연희전문학교의 문을 열었다.

이 과정에서 그의 형(John Underwood)으로부터 결정적인 후원을 받았다. 그것은 현재 연세대학교 부지를 그의 형이 기부함으로써 제대

1925년경 연희전문학교 전경(왼쪽부터 Stimson Hall, Underwood Hall, Appenzeller Hall(출처:서울역사박물관-100년 전 선교사, 서울을 기록하다)

로 된 대학을 조선에 세울 수 있었다. 이러한 결정은 1916년 4월 건강이 좋지 않아서 미국으로 돌아가서 애틀랜틱시(Atlantic City)에서 치료받는 중에 수주일 동안 자신의 형과 선교현장의 이야기를 나누면서 마지막 사역이 될 수 있는 연희전문학교를 위해서 할 수 있는 것이 무엇일지 생각했다. 그의 이러한 이야기를 들은 형이 19만 평의 부지를 기꺼이 마련해줌으로써 은둔의 나라 조선의 미래를 열어갈 수 있는 길을 열어주었다. 이렇게 그의 형이 전액을 기부했음에도 대학을 세우는 과정에서 다른 선교부들이 동참하게 했다. 그러나 그는 그해 10월 12일 57세의 일기를 다하고 별세의 길을 갔다. 그리고 많은 세월이 지난 다음인 1999년에 그의 유골은 자신의 생애를 보낸 선교의 현장인 한국에 돌아와 양화진 외국인 묘역에 잠들어 있다.

한국기독교 역사 현장을 찾아서

경신학당(정동 31)

　지금의 경신중고등학교의 전신으로 언더우드 선교사가 정동에서 시작한 학교다. 그런데 이 학교의 역사를 찾다가 보면 다양한 이름이 등장하는 것을 볼 수 있다. 예를 들어서 언더우드학당, 예수교학당, 민노아학당, 구세학당, 정동학당, 서울학당, 고아원 등 학교는 분명히 하나이지만 그 이름은 다양하게 사용되었던 것을 알 수 있다. 이것은 그만큼 학교가 세워지는 과정이 어려웠다는 것을 의미한다. 운영하는 주체에 따라서 바뀌기도 하고, 때로는 학교가 있는 지역을 지칭하는 명칭으로 통용되기도 했다. 따라서 다양한 이름을 가지고 있다.

　어떻든 경신학당은 1886년 5월 언더우드가 자신의 집에서 고아 두 명을 돌보면서 사실상의 학교로 발전하게 되었다. 따라서 초기에는 학당이라는 말 대신에 고아원이라고 불리기도 했다. 고아원이 곧 학당이었다는 의미다. 왜냐하면 아이들을 먹고 자는 것만 해결해주는 것으로는 온전하지 않기 때문이다. 가르쳐서 사람이 되게 하는 것이 동반되지 않는

경신학당 학생들 사진

다면 책임을 다하지 않는 것과 같다는 의미이다.

따라서 고아를 돌보기 시작하면서 이내 학당으로 세워가기 위해서 정동 31번지에 터를 마련했다. 그곳은 앞서 찾아보았던 이화여고의 심슨 기념관이 있는 자리이다. 곧 언더우드의 집에서 정동길을 건너서 마련된 장소였다. 물론 그곳은 당시에 민가가 있었던 곳이고 몇 채의 민가를 고아원 겸 경신학당으로 사용하기 위해서 마련한 것이다. 고아 두 명으로 시작한 경신학당은 언더우드가 시작은 했지만, 학교 운영이 녹록한 것은 아니었다. 당시 조선의 사회적 인식도 그렇고, 게다가 선교사들 가운데서도 학교 운영에 대한 입장이 다르다 보니, 학당을 운영하는데 어려운 상황이 있었다. 따라서 경신학당은 1897년에는 한 차례 폐쇄하는 지경에 이르기도 했다.

1901년 9월 1일에 언더우드의 부인(Lillias H. Underwood, 1851~1921)의 편지에서 당시의 어려움이 경제적인 것이었음과 함께 교육의 상황도 엿볼 수 있다. 즉 선교부의 예산이 부족한 상황에서 학당(고아원)의 학생들이 늘어나고 있음이 부담스러웠던 것이다. 단지 학교에서 공부만 하는 것이 아니라 사실상 기숙학교였기 때문에 학생들의 생활비까지 전부 감당해야 하는 상황이었기 때문이다. 고아원(학교)에 25명의 소년들이 있었고 사실상 그들이 모두 학생이었다. 그들은 함께 살면서 스스로 숙식을 해결했지만, 그 경비는 모두 선교부에서 지원을 해야 했다.

학생들은 새벽 3시 반에 일어나서 정리와 청소를 마치고 8시까지 한문공부를 했다. 8시에 아침 기도회를 선교사가 인도했고, 기도회가 끝난 다음에 아침 식사를 했다. 식사가 끝난 다음에 선교사들에 의해서 영어, 이어서 성경공부가 진행됐다. 휴식을 취한 뒤 점심 식사를 하고 오후에는 오전에 공부한 것에 대한 복습과 오락시간을 갖고, 다시 한문공부를 했다. 그만큼 당시 조선사회에서 한문이 중요했다는 것을 알 수 있다. 이렇게 24시간을 함께 지내면서 새벽부터 시작한 공부는 종일 이어졌다.

　　1897년 학교가 폐쇄됐을 때 언더우드는 경제적인 문제를 덜면서 아이들을 가르치기 위해서 새문안교회에 영신학당이라는 학교를 별도로 만들어서 운영하면서 교육사업을 계속했다. 교육에 대한 그의 일념을 볼 수 있는 예다. 결국 그는 장로교 선교부를 종로의 연지동으로 옮기는 일과 함께 1901년 연지동에서 예수교중학교라고 하는 이름으로 재 개교를 함으로써 경신학교의 역사를 이어가게 했다. 이때 재 개교를 하면서 학제를 정식으로 중학교로 했고, 1905년에 지금의 교명인 경신학당으로 바꿨다. 그리고 일제가 조선을 강제로 병탄한 1910년부터 1912년까지 조선의 교육 상황은 가장 어려운 시기였는데, 이때 그가 직접 교장을 맡아서 학교를 세워나갔다. 그만큼 조선에 있어서 교육이 절실했고 선교 전략에 있어서도 필요하다고 생각했던 것 같다.

특별히 그는 초등교육에 관심을 가졌다. 아마 국민교육이 이뤄지지 않고 있는 현실에서 가장 절실한 것이었고, 초등교육을 기본으로 하는 육영사업은 선교의 효과도 크다고 판단했기 때문이었을 것이다. 또한 자국인에 의한 전도와 교육이 더 효과적이라는 판단이 그로 하여금 교육의 중요성을 인식하게 했다고 할 수 있다. 이러한 입장은 국민계몽을 목적으로 하는 선교사들의 입장과는 다른 것이기도 하다.

정신여학교(정동 1-11, 중명전)

정신여학교는 예수교학당(경신학당)의 부설로 시작되었다. 북장로교회 선교부의 언더우드가 주도해서 세운 경신학당은 민족의 지도자 김규식과 안창호 선생을 배출한 장로교 선교부가 설립한 최초의 학교로서 교육을 통한 선교의 한 축을 감당하는 역할을 했다. 정신여학교도 역시 북장로교회 선교부가 세운 학교로서 그 시작은 예수교학당 부설로 시작해서 조선의 여성들에게 신교육을 하는 역할을 했다.

그러나 정신여학교는 시작하는 과정에서 언더우드보다는 안렌과 그와 함께 제중원에서 여의사로 사역을 하고 있던 엘러스(Annie J. Ellers)가 주도적인 역할을 했다. 실제로 경신학당은 언더우드의 사랑방에서 시작했다면, 예수교여학당으로 시작한 정신여학교는 알렌의 집에서 시작했다. 그렇다고 알렌이 시작했다는 것은 아니다. 엘러스가 당시에 기거하던

애니 엘러스 선교사

집이 알렌의 집이었기 때문이다. 언더우드의 집에서는 남자 아이들을 돌보면서 시작한 예수교학당이 이미 운영되고 있었고, 엘러스는 그녀가 거하는 집에서 여자 아이들을 돌보기 시작한 것이 정신여학교의 시작이기 때문이다. 알렌이 살던 집에 살면서 활동하던 엘러스는 자연스럽게 그곳에서 여자 아이들과 함께 살면서 가르치기 시작했다. 따라서 중명전이 자리하고 있는 곳, 알렌이 살았던 집에서 정신여학교가 시작되었다고 할 수 있다. 그렇게 볼 때 중명전은 을사늑약이 체결된 치욕의 장소이기도 하고, 그곳이 엘러스가 기거하던 알렌의 옛집이었으며, 정신여학교가 시작한 곳이라는 복합적인 의미를 갖고 있다.

경신학당의 시작이 그랬던 것처럼 당시 서울에는 가난하고 정세가 불안한 상황에서 아이들이 방치된 경우가 많았다. 그러한 시대에 한 여자 아이를 데려오게 되었는데, 경신학당은 남자 아이들을 중심으로 기숙을 함께하면서 공부를 하고 있었기 때문에 여자 아이를 같이 돌볼 수 있는 상황이 아니었다. 즉 1887년 6월 초에 정례라고 하는 다섯 살 먹은 여자 아이가 들어오게 되었는데, 남자 아이들과 같이 있을 수 없어서 제중원에서 여의사로 일하고 있던 엘러스에게 부탁을 해서 그녀로 하여금

정례를 돌보게 한 것이 정신여학교의 시작이다. 정례에게 가르치기 시작하면서 이내 아이들이 3명으로 늘어났다. 의사로서 일하는 것이 그녀의 본분이지만, 늘어나는 아이들을 돌보는 일 또한 중요했기에 학교를 제대로 세우는 것이 필요했다.

초대 학당장으로 학교를 세우는 역할을 했던 엘러스는 1888년 9월까지 1년 남짓 봉직하면서 정신학교의 기초를 만들었다. 그녀는 학교를 시작하면서 "하나님을 믿자, 바르게 살자, 이웃을 사랑하자!"는 교훈으로 아이들을 가르치기 원했다. 이러한 교훈 아래 성경과 산술을 기본적으로 가르쳤다. 당연히 한글을 가르치는 것은 전제된 것이지만, 그녀가

한국기독교 역사 현장을 찾아서

성경을 가르치므로 신앙과 함께 인성교육을 꾀한 것은 중요하다. 하지만 1888년 9월 그녀가 결혼을 하면서 이 학교를 기포드(헤이든) 부인이 맡아서 이끌어가게 되었다. 엘러스가 결혼한 남편은 감리교 선교사 벙커(Dalziel A. Bunker)였기에 그녀는 결혼과 함께 남편인 벙커가 소속된 감리교 선교부로 소속이 바뀌게 되어 장로교 선교부가 운영하는 학교를 돌볼 수 없게 되었다. 이후 엘러스는 YMCA를 중심으로 활동을 했으며, 제중원에서 의사로서 그녀의 헌신적인 사역이 인정을 받아 명성황후의 주치의(侍醫)가 되어 황실의 건강을 돌보는 일을 하기도 했다.

이어서 수잔 도티가 맡아서 학교를 운영하는 동안(1890~1904년) 큰 변화를 가져왔다. 그것은 장로교 선교부가 정동을 떠나서 연지동으로 옮겨가므로 학교도 함께 옮길 수밖에 없었기 때문이다. 1895년 연지동 137번지로 학교를 옮겨서 '사립연동학교' '연동여학교' 등으로 불리면서 성장을 하다가 1909년 정신여학교로 개명을 하고 정식으로 인가를 받아서 교육을 하게 되었다. 그러나 이 시기는 조선이 일본의 식민지가 시작되는 시점이었다. 이러한 시대적 변화는 정신여학교가 정규학교로 성장은 했지만 일제의 박해를 받아야 하는 대상이 되었다.

연지동에 새로 지은 정신학당·이 건물은 현존한다(좌측,1912년, 출처-국민일보)과 연지동교회(현 연동교회)

일제의 박해가 점점 심해지던 1939년 신사참배를 강요받던 상황에서 일제에 의해서 교장이 해직되고 법인도 해산되었다. 일제는 끝내 패전을 눈앞에 둔 1945년 3월 정신여학교를 폐교조치했다. 폐교와 함께 풍문학원으로 합병되었던 것을 해방 이후 1947년 복교와 함께 재 개교함으로써 정신여학교의 역사와 전통을 이어가게 되었다. 그 후 서울이 확장되면서 도심에 있던 학교가 인구 이동과 함께 강남지역의 개발이 이루어지면서 정신여학교도 강남시대를 열었다. 즉 1978년 12월 잠실에 새로운 교정을 마련하고(잠실 7동50-4) 옮겨갔다.

헤론(John W. Heron, 蕙論; 1856~1890) 사택

현재의 정동에서 헤론의 족적을 찾는다는 것은 불가능하다. 그만큼 정동이 변했기 때문이다. 그것은 1890년대 후반에 들어서 장로교회 선교부가 정동을 떠나서 종로 5가 지역으로 완전히 옮겨갔기 때문에 더 그렇게 되었다고 할 수 있다. 감리교회 선교부와 마찬가지로 정동에 자리를 잡았던 장로교회 선교부는 정동이 안전할 수는 있지만, 활동할 수 있

존 헤론-출처-나무위키

는 공간이 좁다고 판단을 해서 종로로 거점을 전부 옮겨갔다. 따라서 정동에는 장로교회 선교부와 관련해서 남아있는 것이 사실상 전무하다고 할 수 있다.

헤론이 살았던 집은 정동 1-9번지이지만 현재는 남아있지 않다. 다만 그의 집은 언더우드의 집 북쪽에 있었다. 알렌이 살던 중명전 자리와 언더우두의 집터인 예원학교 운동장을 기점으로 생각한다면, 예원학교

본관 건물이 있는 곳이거나 중명전을 바라보고 왼쪽 어디쯤이 될 것이라는 추측이 가능하다. 현재로서는 그 위치를 확인한다고 하더라도 이미 집이 철거된 상태에서 그 의미가 있는 것은 아니다. 아쉬운 것은 헤론은 북장로교 선교사로 내한해서 헌신적으로 일하다가 일찍 별세함으로써 그가 이 집에서 살았던 것은 불과 5년에 지나지 않는다. 그가 별세한 1890년 이후 1891년 4월부터는 그의 후임으로 내한해서 제중원을 맡아서 일했던 빈튼(Chrles C. Vinton, 賓頓; 1856~1936)이 사용했다고 알려졌다.

헤론은 테네시종합대학교 의과대학을 최우수학생으로 졸업했다. 그의 탁월한 학업능력과 의사로서의 자질은 졸업과 동시에 학교로부터 본교의 교수직을 보장하는 약속을 받을 정도였다. 교수가 아니더라도 그의 실력으로는 개업의로서 충분히 풍요로운 생활을 보장받을 수 있었다. 그러나 그 어떤 요청도 그에게는 들리지 않았다. 그가 의학을 공부하는 중에 그의 마음을 사로잡은 것이 있었기 때문이다. 그것은 The Missionary Review of World라고 하는 선교 잡지에 기고된 이수정의 글을 읽고부터였다. 이수정은 일본에서 개종한 후 조선 선교를 위해서 재일본 선교사들을 설득했고, 또한 미국 교회들의 해외선교부에 조선 선교를 요청하는 서한을 보내거나 글을 기고했다. 마침 선교 잡지에 실린

이수정과 그의 번역본 주기도문

이수정의 글을 읽은 헤론은 하나님이 자신을 조선 선교를 위해서 부르신다고 생각했다. 따라서 주어진 기회들을 모두 뒤로 하고 그의 마음은 이미 조선에 와있었다.

그는 성격이 대단히 꼼꼼하고 성실하기 때문에 조선에 오기 위해서 결혼을 하고 출국준비를 했다. 이 과정이 길어져서 언더우드보다도 먼저 선교사로 파송을 받았음에도 조선에 도착하는 것은 언더우드보다 늦었다. 그는 조선에 오는 길에 일본에 들러서 자신의 소명을 깨닫게 한 조선인 이수정을 만나서 그에게 조선의 문화, 풍습, 간단한 언어를 배운 후 언더우드보다 한 달 보름쯤 늦은 1885년 6월 21일 입국했다. 그는 입국하자마자 제중원에서 알렌과 함께 일을 했으며, 알렌이 제중원을 그만두고 귀국하자 2대 원장으로 섬겼다. 또한 알렌이 맡았던 고종 황제의 어의(御醫)로서 고종의 신임을 받아 벼슬도 하사를 받았다.

그러나 그의 사역기간은 짧았다. 그의 생애에 있어서 결정적인 해가 조선에서 사역한 지 5년만이다. 1890년 봄 그는 부산으로 향했다. 평소에 그랬듯이 자신의 의술이 필요한 곳이라면 어디든 달려갔다. 그가 부산으로 달려간 것은 부산 주재 영국 세관원 헌트의 딸이 아프다는 전갈을 받고 왕진을 간 것이다. 요즘과 같이 교통수단이 있었던 시대가 아닌 것을 감안한다면 그가 부산까지 가는 것 자체가 엄청난 결정이었다. 부산에 왕진을 갔다가 돌아와서 두 달도 안 돼 그는 과로와 이질이 겹치면서 회복하지 못하고 1890년 7월 26일 34세의 일기로 별세했다. 투병중에도 그는 계속해서 일을 했는데, 별세하기 한 달 전인 6월 25일에는 조선에 문서선교를 위한 기관이 필요한 것을 느끼고 조선선교서회(현, 대한기독교서회)를 설립했다. 하지만 그의 육신은 의지와 비례하지 못했다.

이렇게 그의 짧은 34년의 생애는 5년이라고 하는 조선에서의 섬김과 함께 마무리 되었다. 하지만 그에게는 아내와 두 딸이 있었다. 그의 별세로 졸지에 남편과 아버지를 여읜 그녀들은 질망과 좌절에 빠질 수밖에 없

었다. 이때 그녀들의 남편과 아버지이
기를 자처한 사람은 캐나다 선교사로
부산에서 활동하고 있던 게일(James
Scarth Gale)이었다. 게일은 부산에서
활동하고 있었다. 헤론이 1890년 봄
왕진을 위해서 부산에 갔을 때 만난
인물이다. 헤론이 부산에서 활동하고
있는 게일을 보고 너무나 열악한 환
경에서 일하고 있는 그를 서울에 와서
사역할 것을 요청했고, 게일은 헤론을
따라서 서울로 왔다.

게일 선교사

　서울에 온 게일은 거처가 없고 구체적으로 사역을 결정하기까지
헤론에 집에 함께 살았다. 그 과정에서 헤론이 별세를 했으니 헤론의 마
지막 길을 매일 살폈던 것이 게일이다. 헤론이 별세한 후 헤론의 부인
(Harriet G. Heron)과 두 딸(애니, 제시)은 망연자실한 상태가 되었다. 그
후 2년의 시간이 지났을 때 게일은 더 이상 남이 아니었다. 게일은 해리
어트를 아내로 맞기로 결심하고 두 사람은 결혼을 했다. 1892년 4월 7일
해리어트는 32세, 게일은 29세 총각이었다. 해리어트가 1908년 별세할
때까지 16년간 함께 살면서 헤론의 두 딸을 살피고 아름다운 삶을 살았
다. 해리어트가 별세하자 게일
은 그녀의 주검을 헤론의 무덤
에 합장하여 주었다.

해리어트와 헤론

　헤론과 게일의 만남은 불
과 두 달 뿐이었다. 하지만 두 사
람은 영원히 아름다운 관계로
잠들어있다. 그들의 무덤은 양
화진에서 만날 수 있다.

마펫(Samuel A. Moffett, 馬布三悅; 1864~1939)의
사택(정동 1~9)

마펫 선교사

알렌은 정동에 제일 먼저 자리를 잡았다. 어떤 의미에서 그는 선임자로서 뒤 이어 들어오는 미국 선교사들의 거처를 마련할 수 있도록 해야 했다. 자연스럽게 자신의 집을 중심으로 담장이나 골목 하나 사이에 집을 구해서 이웃해서 살 수 있게 했다. 여의치 않을 경우라도 그 주변을 멀리 벗어나지 않았다. 초기 미국 북장로교회 선교사들 가운데 중요한 인물인 마펫 선교사도 다르지 않았다. 주소상으로는 같은 곳이지만 헤론의 집과 담장 하나 사이에 있던 집인 데 지금은 예원학교 본관 건물이 있는 곳으로 추정할 수 있다. 그렇게 보면 중명전과 예원학교가 있는 곳이 한국 선교 초기에 미국 북장로교회 선교사들이 거주하면서 활동했던 본거지인 것을 알 수 있다.

마펫 선교사는 평양을 중심으로 활동한 것으로 기억에 남아있기 때문에 서울에서 그의 족적을 찾는 것이 어렵다고 생각하기 쉽다. 하지만 그가 평양을 중심으로 활동을 하기 전 서울에서 우리말을 익히는 것부터 시작을 해서 초기에는 언더우드와 함께 사역을 익히면서 선교지에서의 사역을 구상했다.

그는 1864년 1월 25일 미국 인디애나 주의 메디슨이라는 작은 도시에서 태어났다. 1884년 하노버대학(Hanover College)을 졸업하고, 이어서 매코믹신학교(McCormick Theological Seminary)에서 공부를 하고 1888년 졸업했다. 이듬해인 1889년 4월 15일에 선교사로 임명을 받고 준비하기 시작해서 미국을 떠나 1890년 1월 25일 조선 땅에 발을 딛음으로써 이 땅에서의 사역을 시작했다.

조선에 도착한 그는 서울에 입경하여 6개월간 조선말을 익히는 일에 집중하였고, 그 해 8월 1차 전도여행을 시작했다. 그가 처음으로 전도여행을 나선 곳은 평양을 중심으로 하는 한반도의 서북쪽이었다. 이때 백홍준으로부터 훗날 한국장로교회 최초의 목사가 되는 한석진을 소개받아 의주와 압록강 주변까지 돌아보았다. 돌아오는 길에는 이미 한국 최초의 교회로 세워진 황해도 장연에 있는 소래교회를 방문해서 선교의 가능성과 긴급성을 확인하기도 했다.

1차 전도여행을 마치고 서울로 돌아온 그는 언더우드가 운영하고 있던 예수교학당(경신학교)을 맡아서 섬겼다. 하지만 1차 전도여행을 통해서 그의 마음에는 서북지방이 이미 자신의 선교현장이어야 한다는 의식이 각인된 상태였다. 따라서 예수교학당을 섬기는 일은 지극히 짧은 기간 동안 만이었다. 그만큼 그의 정동에서의 사역은 아주 짧았다고 할 수 있다. 지금은 그가 거처로 삼았던 집도 없지만, 그가 이곳에서 활동한 것도 길지 않았다. 그럼에도 그가 남긴 한국장로교회사에서 미치는 영향은 지대한 것이었기 때문에 정동을 돌아보면서 그의 사역을 생각해보는 것은 의미 있는 일이 아닐 수 없다.

1891년 2월 그는 다시 2차 전도여행을 떠났다. 이번에는 서상륜의 안내를 받으면서 본격적으로 한반도 북부지방을 돌아볼 계획이었다. 개성을 거쳐서 평양에 도착하여 평안북도 지역을 두루 살펴보았다. 특별히 안주, 박천, 용천, 의주 등 중심이 되는 곳들을 돌아보았다. 그의 관심은 그곳에 머물지 않고 압록강 건너편인 만주에까지 이르게 되어 자신의 발로 압록강을 건너 그곳을 돌아보아야 했다. 조선 사람들이 살고 있는 만주의 너른 땅을 다 돌아볼 수 없었지만 그의 선교현장이 그곳이라는 확신을 갖고 돌아오게 되었다.

돌아오는 것은 함경도 쪽으로 돌아오는 길을 택했다. 회령으로 들어가서 함흥을 거쳐서 원산, 그리고 내륙의 철원으로 이어지는 길을 잡아서 서울로 귀경했다. 그가 서울로 돌아오는 길은 단순한 귀경이 아니었다. 그의 마음에는 이미 북쪽 지방을 선교지로 하겠다는 확신이 섰다. 그리고 머리는 이미 북쪽지방 선교를 위한 다양한 구상을 하고 있었다.

돌아오자마자 자신의 결심을 실현하기 위한 준비를 시작했다. 그해 (1891) 가을이 되자 3차 전도여행이면서 사실상 그가 결심한 북쪽지방 선교를 위한 긴 여행을 떠났다. 그리고 이번에는 단기 선교여행이 아니었다. 평양에 도착하자 바로 자리를 마련해서 1893년까지 그곳을 중심으로 해서 남쪽으로는 황해도와 북쪽으로는 평안북도까지 순회하면서 전도하고 결신자들이 나오면 그들을 가르쳐서 그곳에 교회를 세우는 일을 했다.

3차 전도여행에서 선교거점을 평양에 확보한 마펫은 더 이상 서울로 돌아갈 이유가 없었다. 1893년부터는 아예 모든 거처를 평양으로 완

장대현 교회

전히 옮겼다. 그리고 그에게 주어진 사명을 그곳에서 감당할 것을 다짐했다. 평양으로 거처를 옮긴 그는 최치량이 운영하는 주막에서 전도를 했다. 거기서 회심하는 사람들이 나오자 주변에 있는 집 한 칸을 얻어서 4~5명이 모여서 예배를 드리기 시작했다. 이것이 평양 최초의 교회로 자라게 된 장대현교회의 시작이다. 방 한 칸을 빌려서 예배를 드리기 시작한 지 얼마가지 못해서 비좁아지게 되었다. 마펫은 최치량에게 도움을 청해서 주변에 구입할 수 있는 집을 찾아보게 했다. 마침 평양 중심가에 있는 홍종대의 소유 한옥 기와집을 살 수 있다는 소식을 듣고 그 집을 매입하여 예배를 할 수 있는 공간으로 개조를 했다.

이렇게 시작한 것이 앞서 살펴본 바와 같이 평양 최초의 교회다. 교회를 시작한지 불과 얼마 되지 않은 1894년 1월 8일에는 22명의 학습인

평양신학교 사진(오른쪽)과 평양숭실학교의 정문과 본관, 그리고 원경(아래 좌로부터)

이 나왔다고 한다. 평양에는 선교사들이 입국하기 전에 백홍준을 중심으로 하는 한국인 최초로 개종한 사람들이 있었지만 정식으로 교회를 형성하여 예배를 할 수 있는 것은 최초의 일이었다. 교회 이름은 교회가 있는 지명을 따라서 널다리골교회로 시작했다. 그러나 평양중앙교회로, 다시 장대현교회로 개명을 하면서 성장해갔다. 훗날 적어도 장대현교회는 평양을 대표하며 상징하는 교회의 위치를 갖게 되었다.

그가 평양에 선교거점을 확보한 것은 탁월한 선택이었다. 훗날 평양이 한국의 예루살렘이라고 불려 질 것을 그가 알았을 리 만무하지만 결과는 그렇게 되었으니 말이다. 그러한 선견지명은 그가 평양을 중심으로 전개한 사역을 보면 충분하게 공감할 수 있기도 하다. 혼자의 몸으로 이곳저곳을 뛰어다녔지만 한 사람이 감당할 수 있는 한계가 있음을 절감하면서 한국인 지도자의 필요성을 깨달았다. 그리하여 그는 자신의 집에서 눈여겨 두었던 한국인 신자를 불러서 가르치기 시작했다. 불과 두 사람을 앉혀놓고 지도자로 양성하겠다는 먼 꿈을 실현한 것이다. 이 것이 1901년 시작된 조선장로회신학교(평양신학교)의 시작이다. 그리고 그 자신이 초대 교장이 돼서 1924년까지 한국장로교회의 지도자를 양성하기 위한 가장 중요한 역할을 감당했다.

한편 1894년부터는 널다리골교회에 모이는 아이들을 모아서 가르치기 시작해 훗날 정식 학교로 발전하게 되었는데, 그것이 숭실학교다. 역시 그는 이 학교의 교장으로(1918~1928) 10년을 섬기면서 교육을 위해서도 남 다른 역할을 했다. 이 과정에서 그는 일본제국주의와 싸워야 했다. 특별히 신학교와 숭실, 숭의학교를 운영하는 과정에서 많은 어려움이 있었지만 끝내 굴하지 않고 타협하지 않았기 때문에 더 힘들었다. 그는 박해가 가혹해지는 1936년 조선을 떠나서 고국으로 돌아갔다. 그리고 1939년 10월 24일 별세했다.

피어선성경학교(새문안로 42)

　피어선성경학교는 현재 평택으로 이전하여 평택대학교로 발전했다. 피어선성경학교가 있던 곳은 현재 피어선빌딩이 자리한 주변이었다. 일반적으로 피어선성경학교로 불리는 이 학교는 순수한 복음을 전하는 것을 목적으로 세워졌다. 순수하다는 표현을 한 것은 일반적으로 성경학교나 신학교는 교역자를 양성하는 것을 목적으로 세웠으나, 이 학교는 말 그대로 성경을 공부하는 것을 목적으로 세워졌다는 의미이다.

아서 피어선(출처-위키백과)

　이 학교의 정확한 명칭은 피어선기념성경학원이었으나 명칭이 여러 차례 바뀌면서 마지막에 불리게 된 명칭이 피어선성경학교다. 이 학교가 세워지는 동기는 피어선(Arthur T. Pierson 1837~1911)이 1910년 조선을 방문했는데, 그 당시 70세가 넘은 그가 목회사역 50년을 기념하는 여행으로 이루어졌다. 1910년 12월에 조선을 여행한 그는 조선의 선교현장에서 필요한 것이 무엇인지 많은 것을 느끼고 돌아갔다. 그것이 성경을 가르칠 수 있는 시설을 만들어서 돕겠다는 생각을 하게 된 동기다.

　하지만 고령의 나이에 여행 중에 발병한 질병으로 미국에 돌아간 그는 결국 별세하게 되었다. 이 과정에서 피어선은 조선에 성경을 가르칠 수 있는 시설을 만들 것을 유언으로 남겼다. 따라서 그의 아들과 북장로교회 선교사로 한국에 활동하고 있던 언더우드의 노력으로 피어선의 유지를 받들어서 성경을 가르칠 수 있는 학교를 만들게 된 것이 피어선기념성경학원이다.

그러한 의미에서 사실 피어선은 이 학교설립과 관련해서 뜻을 갖고 있었을 뿐 실제로 그가 이 학교를 세우는 데 직접적으로 간여한 일은 없다. 다만 그가 조선을 여행하면서 경험했고, 조선 사람들의 성경공부에 대한 열정이 어떤 것인지를 확인했고, 그러한 조선 사람들을 보면서 성경을 가르칠 수 있는 성경학교를 세워야 하겠다는 생각을 했다. 그러나 정작 그는 귀국한 후 얼마 지나지 않아 74세의 일기로 별세했다. 따라서 그의 주변 사람들이 피어선이 남긴 유언을 귀하게 생각하고 모금해서 이 학교를 세웠다는 점에서 독특한 역사를 갖고 있다. 그러니까 실제로 피어선은 이 학교를 세우는 데 있어서 직접적인 역할은 없었다. 그럼에도 피어선이라는 이름을 사용한 것은 그의 유언을 귀하게 생각하여, 그것을 이루겠다는 동료와 선후배들이 그를 기념하는 학교로 세운 것이 피어선성경학교이기 때문이다.

특별히 언더우드가 앞장 선 것은 언더우드 자신이 피어선의 영향을 받아 조선의 선교사로 왔기 때문에 언더우드에게 있어서는 선교사로서 자신의 인생을 헌신하게 하는 동기를 갖게 한 스승이었다. 따라서 피어선이 미지의 땅인 조선을 여행하게 된 것도 언더우드가 조선에 있었기

아더 피어선의 유지에 따라서 설립된 피어선기념성경학원(1918) (출처-서울박물관<100년전 선교사, 조선을 기록하다>)

　　　　　　　　　한국기독교 역사 현장을 찾아서

때문이었다. 이러한 관계로 언더우드는 피어선이 남긴 유언을 이루기를 원했다. 또한 이 학교가 만들어지는 과정에서 미국 남·북감리교회 선교부가 동참하게 되는 데, 그것은 남·북감리교회가 이미 냉촌동에 자리 잡고 있는 협성신학교내에서 운영하고 있던 연합성경학원과 합병해서 운영하기로 했기 때문이다. 따라서 자연스럽게 이 학교는 초교파적인 성격을 갖게 되었다. 이렇게 해서 1912년 9월 18일에 피어선기념성경학원이 탄생하게 되었다.

그러나 이 학교는 처음부터 이 명칭을 갖고 있던 것은 아니다. 설립 당시 처음에는 명칭이 확정되지 않아서 감리교 협성신학교에 있을 때 불리던 연합성경학원으로 불리다가 1913년부터 피어선기념성경학원으로 불렀다. 또한 피어선기념성경학원이 설립되는 때는 한국교회사에서 의미 있는 시기였다. 그것은 우리말로 성경이 완역되어 신구약성경을 한글로 읽을 수 있게 된 직후였다. 따라서 성경을 가르칠 수 있는 사람들이 필요하게 되었고, 실제로 성경을 배우고 싶지만 배울 곳이 없어서 안타까워하는 사람들이 많았던 시기였다. 특별히 교역자가 되지 않더라도 성경을 배우고 싶은 사람들이 많았기에 이에 부응할 수 있는 기관으로 자리매김을 할 수 있었다.

이 성경학교는 설립부터 관여한 언더우드가 속한 북장로교 선교부와 남·북감리교 선교부가 공동으로 운영했기 때문에 초교파적인 입장에서 성경을 가르쳤다. 그러나 이 학교가 설립된 시기가 일본에 의한 식민지가 시작된 직후였기 때문에 학교 설립이 쉽지만은 않았다. 그럼에도 많은 사람들이 성경을 배우기 원했기 때문에 이 학교는 선교 현장에서 나름의 역할을 했다. 그러나 북장로교와 남북감리교 선교부가 공동으로 운영하던 이 학교는 일제에 의한 교회에 대한 박해가 심해지면서 어려워지는 상황과 마침 미국이 경제적으로 대공황에 빠지게 되면서 해외 선교부를 지원하는 자금이 여유롭지 못하게 됨으로써 1935년에 감리교 선교부가 운영에서 손을 떼게 되었다. 이때부터는 북장로교 선교부가 독자적으로 이 학교를 운영하게 되었다.

일제말기에 이르러서 대부분의 미션스쿨들이 겪게 된 일이지만 신사참배를 강요받는 것은 물론 기독교에 대한 박해가 심해지면서 결국 1941년부터 1945년까지, 즉 일본이 패방하는 해까지 학교는 문을 닫아야 했다. 그러나 비록 학교는 폐교 상태이지만 이 기간 동안 학교에서는 비밀리에 항일독립운동을 계획하기도 했다. 일제의 탄압으로 학업이 중단되었던 때에 기숙사에서 항일독립운동을 계획하고 수 만매의 전단지를 인쇄하여 대규모 운동을 계획하기도 했다.

1945년 해방과 함께 이 학교는 다시 문을 열었다. 그러나 그것도 잠시 숨고를 정도의 기회를 얻었을 뿐이다. 1950년 6·25사변이 일어남으로써 학교는 다시 문을 닫아야 했다. 3년에 걸친 전쟁이 끝난 후 다시 개

피어선빌딩

한국기독교 역사 현장을 찾아서

교하게 되었다. 그리고 1968년에 일반적으로 알려진 피어선성서신학교로 이름을 바꾸었다. 1980년 12월에는 학교법인과 피어선성서신학교가 당시 문교부로부터 대학령에 의한 학교로 인가를 받게 되었다. 그리고 1981년 3월에 평택에 마련한 교사에서 학생을 모집하게 되었다. 1984년에 다시 교명을 피어선신학교로, 1990년 피어선대학, 1992년 피어선대학교로 발전했으며, 1996년에 종합대학교로서 평택대학교로 이름을 바꾸어 현재에 이르고 있다.

피어선(Arthur Tappan Pierson, 1837-1911)

그러면 피어선은 누구이며 어떤 사람일지, 잠시 알아보고 가자. 그는 우리나라에 주재한 선교사가 아니다. 그럼에도 그의 이름이 기억될 뿐 아니라 그의 영향을 말하게 되는 것은 두 가지 이유 때문이다. 하나는 1910년 말 잠시 조선을 방문한 것이 전부지만, 그가 조선의 선교현장을 목도하면서 조선에 꼭 필요한 것이 성경을 가르칠 수 있는 시설을 만들어주는 것이라고 생각했던 것이 결실을 맺어 현재 평택대학교의 전신인 피어선기념성경학원이 만들어졌고, 이 학교를 통해서 한국 교회에 영향을 미쳤기 때문이다. 두 번째는 그가 남긴 많은 경건서적들 때문이다. 그는 평생 70여권의 저술을 남겼는데, 그의 책들은 한국 교회 신자들이 애독하는 경건서적들이라는 점에서 그의 영향을 많이 받았다고 할 수 있다. 따라서 정동을 답사하면서 피어선을 기억하는 것은 당연한 일이다.

피어선은 1837년 3월 6일 뉴욕에서 10남매의 9번째, 그리고 4형제 중 막내로 태어났다. 그의 가문은 철저한 청교도 가정으로서 청교도적인 환경을 배경으로 한 성장기를 지냈다. 그는 뉴욕에 있는 해밀턴대학 (Hamilton College)에 입학해서 우등으로 졸업한 재자(才子)였지만, 졸업한 후 당시 가장 보수적인 신학을 견지하고 있던 유니온신학교에 입학하여 공부를 했다. 졸업한 후 1860년부터 1889년까지 그는 목회지를 여러 곳 옮기면서 다양한 지방의 사람들을 접하면서 목회 경험을 했다. 그러한 중에 그가 결정적으로 사람들에게 주목을 받게 되는 것은 기독교회 역사에서 가장 탁월한 설교자이면서 교파를 초월해서 많은 사람들에게 존경을 받고 있는 찰스 스펄전(Charles Spurgeon) 목사가 담임을 하고 있는 런던의 메트로폴리탄 테버나클교회(Metropolitan Tabernacle Church)의 후계자로 청빙을 받고 약 2년(1891년 10월~1893년 6월)의 목회를 하면서였다.

이것은 당시 피어선이 어떤 사람이었는지를 알 수 있게 하는 일이다. 기독교 역사에서 교파를 초월해서 최고의 설교자로 인정을 받는 스펄전의 후임으로 선임되었다는 것만으로도 그의 재능과 인품과 목회자로서 능력까지 인정을 받는 사람이었다는 것을 짐작할 수 있다. 비록 선조가 잉글랜드 출신이기는 하지만, 미국 국적의 피어선이 잉글랜드에서 가장 유명한 회중교회의 담임으로 청빙을 받는다는 것은 결코 쉬

한국 크리천들에게 가장 많이 읽힌 피어슨의 책

스펄전

한국기독교 역사 현장을 찾아서

운 일이 아니다.

하지만 그곳에서의 사역은 오래가지 못했다. 그는 메트로폴리탄 테버너클교회를 사임한 후 여러 영역에서 그의 역할을 필요로 하는 곳을 찾아 자신의 역할을 다했다. 그러던 중 1910년 일본에 오게 되었고, 일본에서 다시 조선을 찾을 수 있는 기회를 갖게 되었다. 그는 1910년 12월에 조선을 방문해서 이듬해인 1911년 1월까지 6주간 동안 체류했다. 그가 조선에 체류하는 동안에 선교지에서 활동하고 있는 선교사들의 현실을 확인하는 한편 조선 교회에 필요한 것들이 무엇인지 알게 되었다. 특별히 조선의 신자들이 배움에 대한 열망을 갖고 있음을 알게 되면서 안타까운 마음을 갖게 되었다. 이것이 계기가 되어서 훗날 피어선기념성경학원이 만들어지게 되는 데, 그것은 그의 사후의 일이었다. 즉 생전에 그가 설립한 것이 아니라 그가 별세한 후 그의 유지를 존중하는 사람들이 세운 것이다.

그는 6주간 동안 조선을 돌아본 후 귀국길에 올랐는데 몸이 쇠약해져서 귀국과 함께 누웠고, 다시 일어나지 못한 채 1911년 6월 3일 별세의

메트로폴리탄 테버너클교회

길을 갔다. 즉 피어선은 다시 조선에 올 수 있는 기회가 없었던 것은 물론이고, 미국에서조차 조선 선교를 위해서 그가 할 수 있는 일과 기회는 주어지지 않았다. 그러나 그의 조선에 대한 애틋한 마음과 조선인들이 보여준 갈급함은 주변 사람들에게 감동과 함께 그 일이 꼭 필요하다는 생각을 갖게 함으로써 생전에 그가 갖고 있던 뜻이 이루어질 수 있었다.

그가 별세한 후에도 그의 뜻을 이룰 수 있었던 것은 생전에 그가 보여준 신실함과 복음에 대한 열정이 많은 사람들에게 감동을 준 것 뿐 아니라, 존경받을 수 있는 사람이었기 때문이다. 그러한 사실은 그가 활동한 특정한 교파에 국한 된 것이 아니라 다양한 교파의 많은 사람들로부터 지지와 존경을 받았다는 것을 알 수 있다. 실제로 그는 장로교회 신학교인 유니온신학교에서 공부를 했다. 하지만 그의 첫 목회지는 회중교회였고, 가장 많이 활동한 곳도 회중교회와 같은 정치원리를 가지고 있는 침례교회였다.

이렇게 초교파적으로 활동을 하면서도 존경을 받을 수 있었다는 것은 그가 갖고 있는 보편적인 영역에서의 신실함을 엿보게 한다. 이러한 그의 모습은 그보다 200년 전에 청교도로 북미대륙에 정착한 선조 아브라함 피어슨과 그의 후예들이 주도했던 열정적인 삶이 그에게까지 계승된 것이 아닐까. 왜냐하면 어려운 상황에서도 철저하게 청교도적인 삶을 구현하는 노력을 가정생활과 교육에서 실천하였고, 그러한 가운데서도 미래를 위해서 현재의 예일대학교와 프린스턴대학교를 세우는 일을 감당했기 때문이다. 이러한 가문에서 인성과 품격을 다진 피어선이기 때문에 사후에라도 그의 유지를 따를 수 있는 사람들이 주변에 있었던 것이 아닐까.

구세군중앙회관(정동 1-23)

덕수궁 돌감길이 돌아가는 곳, 11시 방향으로 정동제일교회가 보이는 곳에서 우회전을 하면 경비가 삼엄하다는 느낌이 드는 광경이 눈에 들어온다. 미국 대사관저가 바로 이어지기 때문이다. 그렇다고 지나는 사람들에 대한 제한은 특별히 없다. 그 길을 따라서 대사관저 담이 끝나는 지점까지 낮은 언덕길을 넘어서면 오른쪽에 보이는 건물들이 구세군 중앙회관과 구세군중앙교회 건물이다. 그리고 회관 옆에는 작은 박물관까지 나란히 자리하고 있다. 건물의 크기에 비해서 길이 옹색하다보니 여유를 갖고 살펴볼 수 없는 아쉬움이 있지만 조금 멀리 대사관저 끝 지점에서 보면 세 건물이 나란히 한 것을 볼 수 있다.

구세군(救世軍)은 그 명칭부터가 독특하다. 기독교이면서도 명칭은 군대를 표방하고 있기 때문이다. 구세군에 대해서 일반인들은 연말에 등장하는 자선냄비를 통해서 그 존재를 인식하고 있는 정도다. 그만큼 한국 교회 안에서는 소수라는 의미이기도 하다. 구세군은 설립부터가 좀 다른 면이 있다. 엄밀하게 생각한다면 구세군(The Salvation Army)이라는 단체는 파라처치(Para-Church)로 시작했다. 영국 감리교회 목사인 윌리엄 부스(William Booth)에 의해서 1865년 하

윌리엄 부스

나의 선교단체로 시작되었다. 따라서 처음부터 구세군이라는 명칭을 사용한 것은 아니다. 처음에는 기독교선교회(The Christian Mission)이라는 명칭으로 자본주의 사회에서 소외된 경제적, 사회적 약자들을 돌보는 것을 중시하는 선교단체로 시작되었다.

이렇게 시작된 구세군은 많은 사람들의 호응을 얻으면서 선교회(Para-Church)가 교회(Church)로 바뀐 경우이다. 그러다보니 선교단체

구세군중앙회관

로 사용하던 제도와 명칭을 그대로 사용함으로써 전혀 교회적이거나 성경적인 교회 직분이 아닌 군대의 조직과 같은 명칭과 시스템을 사용하게 되었다. 연말에 등장하는 구세군의 자선냄비는 구세군이 지향하는 구호사업의 한 방법으로 일반인들에게 구세군을 인식시키는 데 중요한

역할을 한다. 이 자선냄비는 1928년 12월에 시작되어서 지금까지 구세군의 상징적인 사업으로 자리 잡고 있다.

그러면 한국에 구세군 선교가 시작된 것은 언제인가? 구세군의 교세가 그리 크지 않지만, 한국에 구세군 선교사들이 들어와서 활동한 것은 상당히 오래되었다. 구세군의 선교사들은 1908년 10월에 들어와 활동을 시작했는 데 구세군 선교사들이 처음에 자리를 잡은 곳은 이곳이 아니다. 서대문밖이었던 평동 76번지(영국인 또난의 집으로 알려진 곳)

자선냄비

에 터를 잡았다. 이곳은 현재 강북삼성병원이 있는 곳에 해당한다. 당시 조선의 상황에서 성문 밖은 선교사들의 안전을 보장 받을 수 없을 뿐 아니라 활동도 어려웠다. 반면에 정동은 외국인의 안전과 활동이 보장되었기 때문에 비록 성곽 하나 차이지만, 현재 구세군중앙회관이 자리한 곳은 전혀 다른 환경이었다.

따라서 불과 한 달 정도 그곳에서 있다가 구세군 본영을 옮겨야만 했다. 비록 성곽 안으로 옮기는 것이 전부였지만 그 차이는 엄청나게 큰 것이었다. 현재 구세군 본부가 입주하고 있는 구세군회관(신문로 1가 58번지)이 자리한 곳으로 옮겼다. 그곳은 일반적으로 알고 있는 생명의말씀사가 있는 건물인 데, 그 건물이 구세군회관이다. 그러므로 직선거리로 불과 얼마 떨어진 곳이 아니지만 성문 밖과 안의 차이를 확인할 수 있는 곳이다. 이곳은 본래 홍화경매소가 있던 곳인 데, 이곳으로 본부를 옮긴 다음에 구세군 선교사들은 적극적인 활동을 시작했다.

구세군은 사역자를 양성하기 위해서 구세군 사관학교(신학교)를

1910년에 처음 자리를 잡았던 서대문 밖에(평동 76-9) 세웠다. 이때는 사관학교라는 명칭을 사용하지 않고 성경대학(Training Garrison)이라고 불렀다. 1912년에 이르러서 구세군사관학교(Officer Training College)로 명칭을 바꾸었다. 1913년 11월 구세군은 '윌리엄 부스 대장 기념사업'으로 사관학교를 짓기로 하는 결정했다.

한편 현재의 구세군중앙회관과 제일교회가 있는 곳(정동 1~23)은 서대문 안이면서도 영국과 미국 대사관이 인접한 곳이기 때문에 더욱 안전한 곳이며, 국내외의 인사들을 쉽게 접할 수 있는 지리적 여건이 유리한 곳이었다. 처음에 이 건물은 구세군사관학교로 사용할 목적으로 지어졌다. 캐나다와 미국에서 모금한 기금으로 1927년 10월에 착공해서 꼭 1년 만인 1928년 9월에 완성했다. 하지만 이 건물은 시대와 상황에 따라서 구세군중앙회관, 구세군중앙교회, 구세군사관학교, 구세군본부로 용도가 바뀌었다.

건축 당시에는 구세군신학교인 사관학교로 사용되다가 일제말기에 기독교에 대한 탄압과 함께 사관학교는 1942년 3월 6일 폐교되었다가 해방 후 다시 사관학교로 사용했다. 1959년 선교 50주년을 기념해서 증

구세군 제일교회와
머릿돌

한국기독교 역사 현장을 찾아서

축하면서 '구세군중앙회관'으로 불렀다. 그러나 1985년까지 사관학교는 계속 이 건물을 사용했다. 동시에 1955~1981년까지 구세군 본부도 이 건물을 사용했다. 신문로에 있는 구세군빌딩(생명의 말씀사)이 지어지면서 본부는 그 건물로 옮겨갔고, 현재 이곳에는 중앙회관의 기능과 박물관을 마련해서 운영하고 있다.

이 건물은 영국의 클랩튼 콩그레스 홀(Clapton Congress Hall)을 모델로 지은 것으로 르네상스 고건축 양식으로 지어졌다. 2002년 3월 5일 서울시 문화재위원회가 서울특별시기념물 20호로 지정했다.

구세군역사박물관(정동 1-23)

구세군중앙회관을 찾아보면서 놓쳐서는 안 될 곳이 있다. 그것은 중앙회관 내에 있는 역사박물관이다. 구세군중앙회관은 앞에서 살펴보았던 것처럼 1928년 준공해서 구세군사관학교와 교단본부로 사용해왔다. 이 건물은 근대문화유산으로 보존해야 하는 가치를 인정을 받아 지난 2002년에 서울시 기념물 제20호로 지정되어 보호되고 있다. 이곳에 있던 사관학교가 과천으로 옮겨간 후 공간이 확보되면서 구세군역사박물관을 2003년에 구세군 한국 선교 95주년을 기념으로 개관을 했다.

구세군교회는 이 박물관을 만듦에 있어서 "한국 구세군의 선교 역사와 기독교 문화유산, 그리고 사회봉사 활동을 정리하여 전시, 홍보함으로써 구세군의 활동을 적극적으로 소개하고, 아울러 이곳을 찾는 관람객들이 '마음은 하나님께 손길은 이웃에게'를 모토로 섬김과 나눔, 사랑과 봉사를 실천하는 국제적인 구세군을 더욱 이해하고 호응하도록 하는데" 목적을 두었다. 박물관 기능이 그렇듯이 구세군의 신앙과 사역의 자취를 보존하고 홍보하면서 신앙의 유산을 남겨 훗날 연구와 교육의 장으로 활용하고자 하는 목적으로 운영하고 있다.

박물관은 독립 건물로 있는 것이 아니라 구세군중앙회관 내에 마련되었기 때문에 별도로 찾아가는 어려움이 없다. 중앙회관 북측에 자리한 공간을 박물관으로 만든 것이기 때문에 같은 공간에서 이동하면 된다. 이 박물관은 작은 공간이지만 한국 구세군의 역사와 신앙의 유산으로 남겨진 행적들, 그리고 구세군 활동에 사용되었던 다양한 도구와 자료들이 전시되어 있다. 가장 많이 눈에 띄는 것은 역시 구세군 활동의 특징이라고 할 수 있는 관악기들이다. 구세군의 사관들은 부부가 모두 관악기를 연주할 수 있도록 훈련되기 때문에 한국 구세군 100년의 역사를 이어서 사관들이 사용하던 악기가 가장 많이 눈에 띈다.

2003년 개관 이래로 단순한 전시로 그치지 않고 구세군의 역사 자료를 모으는 일과 역사로 남겨야 할 것들을 모으고 정리해서 출판하는 일도 계속하고 있다. 작은 발걸음이지만 한국 교회의 역사를 풍요롭게 하는 일들이 아닐 수 없다. 2011년에는 1층에만 전시공간으로 사용하던 것을 확장하여 2층에 새로운 전시공간을 마련해서 박물관으로서 협소했던 공간을 넓히면서 새롭게 단장했다. 1층은 한국 구세군 100년의 역사를 중심으로 전시하여 구세군을 이해하고 그 역사를 살펴볼 수 있도록 했고, 2층은 역사자료 전시와 대장을 비롯한 구세군 사관들의 유품과 자료들이 전시되어 있다. 구세군이 생소하지만 이 작은 공간을 통해서 구세군의 역사와 활동에 대해서 알 수 있을 것이다.

구세군에 대해서 낯설지만 이곳에 들러서 한국 구세군 초기의 활동과 함께 구세군에 대해서 살펴본다면 많은 도움과 함께 한국교회사에서 구세군의 의미를 살펴볼 수 있을 것이다. 영국인 사관으로서 1908년에 입국해서 복음을 전하기 시작한 로버트 허가드(Robert Hoggard, 許嘉斗) 사관을 소개하는 공간과 초기 사관들의 생활상을 엿볼 수 있도록 만들어놓은 미니어처는 구세군에 대한 이해를 한층 돕는다. 이곳의 전시물을 통해서 구세군만이 아니라 일제에 의한 식민지 시대의 상황에 대해서도 이해할 수 있다. 구세군이 선교를 시작한 이래로 일제강점기를

구세군역사박물관과 전시실

거치면서 현재에 이르기까지의 활동
을 사진을 통해서 실상을 엿볼 수 있
기 때문이다.

　　선교역사를 찾아보면서 느낄 수
있는 것은 선교사들의 활동과 생활
은 당시 시대상을 엿볼 수 있는 좋은
자료들이다. 이 박물관에 전시된 사관들의 생활상을 엿볼 수 있는 자료
들은, 특히 일제강점기를 거치면서 변해온 한국의 생활상을 확인할 수
있다. 인쇄문화의 변천은 선교사들의 활동을 통해서 이루어졌다고 할
수 있을 만큼 선교를 위해서 만들었던 자료와 책들이지만, 그것은 곧 한
국의 인쇄문화의 발전으로 이어졌다는 점에서 그냥 지나칠 수 없는 것
들이다. 이 공간에는 귀중한 사료와 자료가 될 인쇄물들이 상당히 많이
전시되어있다.

　　관람할 수 있는 시간은 매일 오전 10시부터 오후 4시까지다. 공휴일

은 휴관이기 때문에 일반 박물관처럼 운영시간을 생각해서는 안 된다. 관람이 평일에 그것도 늦은 시간은 불가능하고 휴일에는 관람을 아예 할 수 없다는 것이 아쉽다. 필자도 토요일에 몇 번 찾았으나 볼 수 없는 아쉬움이 컸던 기억이다.

성공회 서울성당(정동 3)

　구세군중앙회관을 찾아보고 조금 돌아서 영국대사관 옆에 있는 성공회 서울성당을 찾으면, 도심의 빌딩 숲에서 쉼을 얻을 수 있는 기분을 느낄 수 있는 공간을 만나게 된다. 아니면 최근에 복원된 고종 황제가 걸었던 고종의 길이 바로 구세군제일교회 옆에서 덕수궁 돌담길을 따라가는 길이기 때문에 그 길을 통해서 영국대사관 옆에 만들어진 덕수궁 쪽문으로 들어갔다가 나오면 바로 영국대사관 정문에 이르게 된다. 필자는 이 길로 가는 것을 추천한다. 계절과 관계없이 고종황제의 아관파천을 생각하면서, 그리고 짧은 구간이지만 덕수궁을 들어갔다가 나오는 길이 걷기가 좋다. 또한 짧은 구간에 경험하는 덕수궁에서 느끼는 서울

성공회주교좌 성당

은 전혀 다른 분위기다.

그렇게 성당 경내에 들어서면 도심에서는 접하기 어려운 공간이 여유를 만들어준다. 고층빌딩들 사이에 상대적으로 낮은 성당이 하늘을 우러를 수 있는 여유를 준다. 뿐만 아니라 경내에 조성되어 있는 조형물들이 찾는 사람들에게 생각하게 하는 여유를 준다. 도심에서 느낄 수 있는 고즈넉함과 함께 종교적인 분위기가 물씬 느껴지는 곳에서 잠시 앉아서 쉼을 얻는 것도 특별하다.

한국성공회는 1889년 11월에 코프(Charles John Corfe, 고요한, 1843~1921)가 주교로 승품을 받고 1890년 파송을 받아 선교의 현장인 조선에 입국함으로써 시작되었다. 그가 찾았을 때 조선은 은둔의 나라였다. 성공회보다 앞서 들어온 선교사들이 그랬던 것처럼 그도 정동에 자리를 잡았는데, 그것이 이 자리다. 성공회는 영연방국(United Kingdom)의 국교로서 대사관과 바로 이웃해 있다는 것도 의식을 갖고 본다면 이해를 더 하게 한다.

처음 이곳에 세워졌던 성당은 장림성당(將臨聖堂, The Church of Advent)이라는 이름으로 불렸다. 같은 장소에다 1921년에 11월 27일 한옥성당을 신축하고 역시 장림성당이라는 명칭을 사용했다. 한편 성공회교회가 선교거점을 이곳에 잡은 것은 이웃한 정동 4번지가 영국총영사관이기 때문이다. 당시 정동은 외국 공관들이 자리한 외교 1번지였으며, 동시에 각국 선교부의 거점이기도 했기 때문에 자연스러운 것이었다.

지금 이곳에서 만날 수 있는 성

성당 정초석

당은 우여곡절이라고 할는지, 아니면 많은 과정과 이야기를 남기면서 지어진 것이라는 점에서 특이하다. 그러한 이야기를 알고 돌아본다면 구석구석을 그냥 지칠 수 없게 된다. 본래 이 성당은 한국성공회 제2대 주교인 터너(Arthur Beresford Turner, 단아덕, 1862~1910)가 새로운 성당을 짓기를 원했지만 이루지 못하고 별세했다. 따라서 그가 별세한 후 시간이 많이 지난 1922년 9월 22일 정초식을 한 다음 이듬해인 1923년 5월 15일에야 겨우 지하 성당이 완공되자 그것을 <터너주교 기념성당>으로 명명했다. 지하 성당이 완공된 후 건축비가 없는 관계로 더 이상 진척되지 않았던 것을 다시 영국 성공회의 지원이 이어지는 만큼 지어야 했다. 따라서 완공이 늦어졌고, 사실상 완공은 불가능했다.

본래 이 성당은 1922년 영국인 A. 딕슨(A. S. Dixon)이 설계했고, 영국 성공회가 지원하여 건축을 시작했으나 한 번에 완성하지 못했다. 일부만 공사하기를 반복하면서 1926년에야 1차로 완공함으로써 국내 최초 로마네스크양식의 십자가 모양의 건물이 되었다. 건축비가 부족하여 처음 설계는 십자가형의 건물이었으나 1926년 5월 2일에는 양쪽 날개가 없는 일자(一字) 예배당으로 마무리하고 <성모 마리아와 성 니콜라스성당>으로 명명했다. 그러니까, 지하 성당은 터너주교 기념성당으로 명명하여 준공했고, 다시 준공된 1층 성당은 성모 마리아와 성 니콜라스를 기념하는 성당으로 명명했다.

그 후 70년이 지난 1996년 5월에 완성하지 못한 본래의 예배당을 완공할 수 있었다. 따라서 이 성당은 세 번에 걸쳐서 건축된 이력을 가지고 있다. 1990년 9월 '대한성공회 선교 100주년 기념대회'를 계기로 <대한성공회관구>가 설립되었다. 초대 관구장에 김성수 주교가 취임하게 되면서 '서울주교좌성당'의 완공을 하겠다는 뜻을 모았다. 따라서 본래 지으려고 했던 날개부분의 건물을 지어서 십자가 모양의 성당을 완성하고자 했다. 하지만 이 건물이 1978년 12월 18일 서울시 유형문화재 35호로 지정이 돼서 원형훼손을 우려하여 성당완성을 위한 건축 공사를 구청에서 허락하지 않음으로 완성된 성당을 기대하는 것은 불가능하게 되었다.

그러던 차에 1993년 7월 이 건물의 설계도 원본이 완전한 상태로 영국 런던 교외 렉싱턴(Lexington)의 한 도서관에서 발견되었는 데, 한 영국인 관광객이 이 성당의 도면이 보관되어 있다는 사실을 알려주었다고 하니, 이 또한 특별한 일이고, 한 사람의 관심이 완전한 건물로 탄생시키는 계기가 되었다고 할 수 있다. 설계를 찾은 다음 설계도를 바탕으로 완성하지 못한 성당의 나머지 부분을 증축하겠다는 건축허가를 중구청에 신청했고, 승인을 받아서 1994년 5월 27일 증축을 위한 기공미사를 하고 2년이 지난 1996년 5월 2일에 나머지 부분을 완성했다.

지금 이곳에서 만나게 되는 성당 건물은 이렇게 3단계의 공사를 거쳐서 완공된 것이다. 따라서 성당 모퉁이를 돌다보면 머릿돌이 두 개가 있음을 발견하게 되는데 하나는 건물 앞쪽 지하층에 있고, 또 하나는 사제관 쪽에 있다.

성당 머릿돌 사진과
건물 날개부분

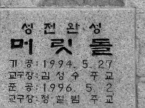

성전완성
머릿돌
기 공 : 1994. 5. 27
교구장 : 김성수 주교
준 공 : 1996. 5. 2
관구장 : 정철범 주교

성당 내부전경

성공회 서울성당의 공식적인 명칭은 대한성공회주교좌성당이다. 성공회의 역사와 성당의 건축역사에 대해서는 앞서 살펴보았으니 여기서는 성당 내에서 돌아보아야 할 것들을 살펴볼 것이다. 성당 경내가 상당히 넓고 돌아봐야 할 건물이나 조형물들도 많다.

먼저 성당 내부에 들어가서 두루 살필 것을 권한다. 이 성당은 화요일부터 토요일까지 오전 10시부터 오후 4시까지 일반인에게 내부를 공개하고 있다. 누구나 관람할 수 있기 때문에 시간만 유의해서 찾는다면 좋은 경험이 될 것이다. 조금의 신학적인 지식을 갖고 있다면 성공회의 신앙에 대해서 이해할 수 있는 것과 성공회와 일반 교회의 신앙적 다름이 어떤 것인지도 경험할 수 있다.

성당 안에서는 제대와 제대 뒤편에 모자이크상을 중심으로 관심을 갖는다면. 여니 교

회의 예배당에서는 경험할 수 없는 유럽의 어느 성당에 와 있는 느낌을 받게 된다. 이 모자이크는 영국인 조지 잭(George Jack)라고 하는 사람이 1927년부터 1938년까지 11년에 걸쳐서 시실리의 전통기법으로 채색한 돌로 완성했다고 한다. 모자이크상의 맨 위에는 예수님, 그 아래 왼쪽부터 나란히 스데반, 요한, 마리아, 이사야, 니콜라스가 묘사되어 있다. 또한 벽에 걸려 있는 역대 주교와 순교자들의 사진도 성당의 역사와 함께 살펴본다면 의미가 있을 것이다.

그리고 가장 눈에 띄는 것 중에 하나는 제대에서 성당 뒤편을 보면 2층에 설치된 파이프 오르간이다. 이 오르간은 성당 앞에서 회중석을 바라봐야 보인다. 이 오르간은 처음부터 설치됐던 것은 아니고 1985년에 처음 설치했다. 영국의 해리스 & 해리스사가 2년 10개월간의 제작기간을 통해서 만들어서

설치했다. 20개의 음전과 1,450개의 파이프로 구성되었다. 그만큼 풍부하고 다양한 음색을 만들어내는 오르간이다. 성당이 몇 차례 증축 과정을 거치면서 완성되었기 때문에 이 오르간 역시 2006년 8월에야 지금의 위치에 완전하게 설치하여 사용하고 있다.

　　성당과 사제관을 지나 영국대사관 방향에 자리하고 있는 한옥이 있다. 이 건물은 성당과는 전혀 다른 한옥이면서 일반인들의 집과 사제관과는 다른 위엄을 느끼게 한다. 기둥의 높이나 지붕과 용마루의 위용이 그렇다. 이 건물명은 양이재(養怡齋)이다. 경운궁(덕수궁)을 고쳐 지을 때인 1905년(광무9)에 완성한 것이다. '경운궁중건도감의궤'에는 경운궁의 함희당(咸喜堂)과 연결되어 있었다. 지금은 뒤편에 그 연결부분만 남아 있다. 이 건물은 1906년 10월부터 1910년 8월까지 황태자(영친왕)와 황족, 귀족의 자녀들을 가르치는 수학원(修學院)으로 사용되었다. 하지만

양이재

한일병탄과 함께 양이재의 본래 기능을 하지 못하게 되었고, 이 건물을 성공회교회가 1912년부터 임대해서 사용하다가 1918년 8월 완전히 매입을 했다. 일제강점기를 지나면서 경운궁의 변화와 함께 1930년 7월 현재의 위치인 궁 밖으로 옮겨 지어서 지금까지 성공회교회가 사용하고 있는데, 현재는 서울성당 주교관으로 사용되고 있다. 2006년에는 등록문화재로 지정이 되어 근대문화유산으로 보호되고 있다.

성당 입구 맞은편에는 조선시대의 양반 가옥으로 지어진 사제관과 수녀원을 만날 수 있다. 들어가서 살펴볼 수는 없으니 겉에서 보는 것으로 대신해야 한다. 사제관 입구에는 작은 새김돌이 있다. 그것은 6.10민주화운동기념비다.

민주화운동 기념비

1987년 6월 10일 전국적으로 일어난 민주화운동인 6월 항쟁이 이곳에서 있었던 것을 기념하는 비석이다. 1980년대 민주화운동이 한 참일 때 이곳은 저항하는 시민들이 최후로 숨어들었고 선언문을 낭독하던 곳이다.

성당의 동쪽(시청방향)은 비탈로 사실상 반지하가 된다. 그곳에서 성당 벽면을 보면 성당 1차 건축 당시의 정초석이 있다. 이 건물이 3차에 걸쳐서 완공되는 역사를 확인할 수 있는 정초석이다. 그와 함께 작은 공간에 순교자기념 조형물과 그들을 추모하는 비석이 있다. 조형물은 좁은 공간임에도 주변과 잘 어울리고 순교자들의 숭고한 신앙을 담아내기에 충분한 조형미가 있어 나그네의 발걸음을 붙든다. 6.25전쟁 당시 순교

한 이 교회의 지도자들의 신앙을 기리기 위해서 조성된 작은 공간과 조형물이다.

　　이때 순교한 이들은 이원창, 윤달용, 조용호 신부 이상 한국인 신부와 이도암 신부(영국), 홍갈로 신부(영국), 마리아 클라라 수녀(아일랜드) 등이다. 이들의 순교를 기억하고자 세운 추모비에는 짧은 글로 그들의 순교를 기억하고 있다. <대한 성공회는 선교100주년을 맞이하여 한국 전쟁 중 믿음으로 교회를 지켰던 여섯 분의 거룩한 죽음을 기리고자 추모의 마음을 모아 순교추모비를 세운다. 우리는 그 믿음을 본받아 겨레에게 생명을 전하노라 한다. 1999.9.26. >

　　이곳이 특별한 또 하나의 이유가 있다. 그것은 서울 4대문 안에는 어떤 무덤도 없다. 위패를 모신 종묘는 있지만 묘지는 없다는 의미이다. 그런데 이곳 지하 성당에는 앞에서 열거한 이들의 무덤이 있다. 서울 장안에 있는 유일한 묘지인 셈이다.

성공회 수도원

　성공회성당 앞에는 붉은 벽돌로 지은 건물이 하나 있다. 그런데 그 앞에 가서 보면 좀 특이한 모양새를 하고 있음을 발견하게 된다. 건물은 양옥인 데 중앙에 있는 출입문은 한옥 대문을 그대로 가지고 있기 때문이다. 원래 이곳에 있는 한옥을 구입해서 수도원으로 사용하다가 새롭게 건물을 지으면서 한옥의 대문을 건물 중앙에 위치하도록 살려놓은 것은 아닐까? 이들이 가지고 있었던 생각을 엿보게 하는 것이 아닐 수 없다. 실용성만을 생각하거나 신축건물의 가치만을 생각했다면 굳이 이렇게 해야 했을까 하는 생각을 누구나 하게 될 것이다. 그렇지만 이들은 한옥 대문을 이 건물에 살려놓았다. 답사자에게는 많은 생각을 하게 하는 동기가 된다.

　1892년 가을, 성공회 성베드로수녀회에서 파견한 수녀들의 거처가 필요했기 때문에 성당 주변의 한옥을 구입해서 건물과 부지를 확보했다. 성공회교회의 최초 수녀원은 강화에서 시작되었지만 그 역사가 구체적

수도원 입구

으로 어떻게 이어져왔는지는 확인하지 못했다. 다만 현재 한국 성공회 교회 안에는 성분도수도회(부산), 성프란시스수도회(춘천), 성가수도회(정동) 등 세 개의 수도회가 있다. 그 중 정동에 있는 성가수도회는 1925년 9월 14일 성가 영광 축일에 조마가 주교가 이부비 수녀를 첫 지원자로 입회시켜 설립하였다. 성 어거스틴의 규칙을 토대로 성 베네딕트 규칙과 성 프란시스의 영성을 겸비하고 청빈, 절조, 순명의 3가지 서약을 통하여 예수 그리스도를 본받으며 공동생활을 하고 있다.

감리교센터(세종대로 149)

정동 답사를 마무리하면서 찾을 곳은 감리교회관(감리교센터)이다. 이 건물은 일반적으로 광화문빌딩이라고 불리는데, 동화면세점으로 더 많이 알려져 있다. 그동안 이 건물의 공식적인 명칭을 알 수 있게 하는 간판이 없었다면 이상하겠지만 사실이다. 그것은 이 건물의 태생이 좀 복잡하기 때문이다. 하지만 최근에 비로소 건물의 정체를 알 수 있게 하는 새김돌이 설치되었다. <감리회관>이라고 하는 새김돌이 설치되면서 이 건물이 감리교회 유지재단이 소유한 것임을 알 수 있게 되었다. 감리교회에서는 이 건물을 감리교본부 건물, 혹은 감리교회관 등의 명칭으로 통칭하고 있다. 그러나 건물에 설치된 간판에는 감리회관로 되었기에 필자도 그렇게 사용한다.

감리회관은 광화문 네거리에 웅장하게 서 있다. 이 건물이 지어지기 전에 그 자리에는 국제극장과 감리회관 두 건물이 있었다. 두 건물이 차지하고 있는 터가 독자적인 건물을 짓기에는 대지면적이 좁다는 공통적인 고민이 있었고, 그러한 한계를 극복할

감리회관 새김돌

수 있는 대안으로 양쪽이 대지를 공유하여 하나의 건물을 짓는 것이었다. 그렇게 해서 국제극장과 감리회관은 하나의 건물을 짓기로 하고 건축비용도 분담을 했다. 그 비율에 따라서 건물도 나눠서 사용하게 되었다. 따라서 건물에 간판을 부치는 문제가 복잡해질 수밖에 없었다. 그러한 문제로 건물이 완성 된지 20년이 넘도록 간판을 부치지 못한 상태로 오다가 최근에서야 <감리회관>이라는 새김돌을 세울 수 있게 되었다. 따라서 이 건물 전체가 감리교회 재단이 소유한 것은 아니다. 주로 13층과 16층이 감리교회 본부에서 사용하고 있으며 나머지 소유지분은 임대를 주고 있다.

감리교회가 이곳에 센터를 마련할 수 있었던 것은 그 자리에 있었던 감리회관을 가지고 있었기 때문이다. 정확한 것은 자료를 더 찾아봐야 하겠지만, 이 자리는 해방 이후 적산(敵産)으로 분류된 것을 감리교회가 불하를 받는 형식으로 차지했다. 적산이란 해방 이전에 일본인들이 소유하고 있던 재산을 1948년 9월에 대한민국 정부와 미군정 간에 협정을 통해서 우리 정부로 그 소유권이 넘겨진 재산을 말하는데, 이것을 다시 우리 정부가 일반인에게 불하했다.

그렇게 소유하게 된 땅에 감리교회가 유지재단 건물을 지은 것은 1959년이다. 그 해 5월에 감리교회는 교단본부를 감리회관으로 옮겼고, 10월에는 회관을 봉헌하는 예배를 드렸다. 그렇게 사용하다가 1976년에는 교단의 성장과 함께 회관을 증축하는 공사를 하여 8층으로 확장했다. 이때까지만 해도 광화문에 지금처럼 초대형 건물들이 없었기 때문에 8층으로 증축한 감리회관은 광화문 어디에서도 잘 보일 정도였다. 그러나 이때부터 한국의 경제가 급속한 발전을 이루면서 광화문이 변하기 시작했다. 1980년대에 광화문거리는 공사판이라고 할 정도였고, 민주화를 요구하는 시위대들이 끊임없이 모이는 곳이었다. 또한 한국 현대사의 진상을 볼 수 있는 곳이었고, 그 상황을 확인할 수 있는 곳이었다. 정치적인 혼란과 함께 경제적인 성장을 이룬 양면을 볼 수 있었던 곳이라는 의미다.

그즈음 지금의 감리회관도 건축을 했다. 국제극장과 감리회관 건물을 헐고 지금의 이 건물을 지었다. 건축을 위해서 감리교본부는 1985년 말에 여의도에 있는 정우빌딩으로 이사를 했고, 이듬해인 1986년에 선교 100주년 기념회관을 기공하는 예배를 드렸다. 그리고 긴 공사기간을 거쳐서 1991년에 감리교본부가 이 건물에 입주할 수 있게 되었다. 이때부터 광화문의 이 센터건물은 명물이 됐다. 현재는 한 면세점이 입주해있어서 면세점을 이용하려는 외국인 관광객들이 북새통을 이루고 있어서 유명세를 더하고 있다.

그리고 감리교본부는 1991년부터 이곳에 입주하여 교단본부로서 역할을 하고 있지만, 어떤 연유에서인가 입주한지 얼마 되지 않은 1995년에 다시 여의도 정우빌딩으로 이사를 했다가 1999년에 이곳으로 돌아왔다. 교단의 내부사정을 알 수 없지만, 작은 조직이 아닌 데 이사를 하는 과정이 있었고, 그 이후는 이 빌딩에 감리교회 본부와 산하 기구들이 들어가 있으면서 교단의 일들을 섬기고 있다.

감리회관(왼쪽 높은 빌딩, 앞에는 구세군중앙회관과 박물관)

정동을 걷고

정동을 돌아보자면 한국의 근현대사와 만나게 된다. 근현대사의 현장이었고 그 주인공들이 머물며 활동했던 곳이기에 감회가 깊고 많은 것을 생각하게 한다. 미처 생각하지 못했던 현장과 인물을 발견하게 될 때 무안한 마음과 송구함이 느껴지는 경우도 있다. 어쩌면 스스로에 대한 자책일 수도 있다. 오늘 우리의 모습이 있기까지 많은 사람들, 특별히 벽안의 선교사들에게 빚을 지고 있다는 사실과 우리 선조들로부터도 많은 빚을 지고 있음을 잊은 채 지내온 시간이 너무 길었다는 생각도 하게 되기 때문이다.

아쉬운 것은 대부분의 초기 선교사들이 이곳 정동에서 활동했었지만, 그 중에서도 북장로교회 선교사들의 행적이 이곳에 거의 남아있지 않다는 것이다. 감리교회 선교사들이 자리 잡고 있었던 바로 건너편 예원학교와 그 주변에 있었던 장로교회 선교부는 미국공사관(현 미대사관저)과 인접한 곳이지만, 1896년 아관파천 이후 이러한 입지조건이 바뀌었다. 고종 황제가 아관파천 이후에 1897년부터 경운궁(덕수궁)에 머물면서 사실상 정궁으로 삼게 되면서 궁궐을 확장하는 작업을 하게 됨으로 장로교 선교사들이 거주하는 지역이 궁궐에 편입되었다. 따라서 장로교회 선교부가 사용할 수 있는 공간이 좁아지면서 더 넓은 공간이 필요하게 되었고, 그 중에서도 학교를 운영할 수 있는 공간이 필요했기 때문에 새로운 곳을 찾을 수밖에 없게 되었다.

장로교회 선교부 입장에서는 다른 지역으로 옮길 것을 염두에 두고 있었던 것이 맞물려서 자연스럽게 정동을 떠나게 되었다. 따라서 장로교회 선교부는 종로구 연지동을 중심으로 하는 거점을 확보하면서 이곳을 매각함으로써 정동에서는 장로교회 선교사들의 흔적을 찾아볼 수 없게 되고 말았다.

정동은 장로교와 감리교만이 아니라 성공회, 구세군, 그리고 독립 선교사들도 활동했던 곳으로 비록 모든 것이 남아있지 않지만 성공회교 회와 구세군교회의 역사는 찾아볼 수 있다. 따라서 시간이 되는 대로 기회를 만들어서 쉼과 함께 역사의 현장을 돌아보면서 당대의 주인공이었던 이들을 만나보기에 더 없이 좋은 공간이 정동이 아닐까.

주변에 높은 빌딩들이 섰지만 그 중심에 자리하고 있는 정동은 빌딩 숲 사에서 쉼을 얻을 수 있는 공간이기도 하다. 적어도 이곳에서는 도심 하늘의 표정을 읽을 수 있을 만큼의 공간이 있다. 또한 큰 숲은 없어도 가로수와 덕수궁 경내의 작은 숲은 도심에서 숨 쉬는 기쁨을 느끼기에 충분하다. 걷다가 잠시 앉아 커피와 함께 쉼을 얻을 수 있는 예쁜 공간들도 기다리고 있으니 마음먹고 나서기만 하면 되지 않을까.

2. 서촌

　서촌은 정동과 이웃한 곳이지만 또 다른 역사와 이야기가 많이 남아있다. 그렇다고 정동과 단절된 것도 아니다. 지금은 새문안로(新門路) 길 하나를 사이에 두고 정동과 당주동, 내수동, 도렴동, 그리고 사직로를 건너면 소위 서촌이라고 일컫는 곳으로 이어진다. 이곳은 조선시대에 장의동 혹은 장동이라고 불렸던 곳인 데, 주로 의관이나 역관 등 중인들이 살았다. 하지만 조선 후기에 이르러서는 일반인들도 이주하기 시작했고, 궁에서 일하는 하급관료들인 아전(衙前), 서리(書吏)와 같이 이들, 그리고 궁녀들이나 내시들도 살았던 곳이다.

　지리적으로 경복궁과 이웃해 있고, 정동과도 멀지 않은지라 장안의 소식이 빨리 전달되는 곳이기도 했다. 정동이라고 하는 좁은 공간에 선교사들이 입주하여 자리를 차지하는 것은 더 이상 불가능하기 때문에 미국의 북장로교회와 북감리교회, 성공회, 구세군 외에는 실제로 정동에 거점을 확보한 선교부는 없었다. 따라서 조금 늦게 입국한 선교부는 장안에서 거점을 확보하는 것도 어려운 일이었다.

　그러한 의미에서 서촌 지역은 또 하나의 선교 거점이 될 수 있었던 곳이다. 이곳에는 침례교회 선교부가 먼저 자리를 잡았고, 그 자리를 남감리교회 선교부가 이어받아서 거점을 만들어 사역을 전개했던 곳이다. 그 과정과 사실을 찾아볼 수 있는 것은 당연한 일이다. 하지만 지금까지 서촌에 남겨진 선교사들의 유적에 대해서 잘 알려져 있지 않은 것도 현실이다.

　그런가 하면 한국 신자들이 남긴 신앙 유산들도 찾아볼 수 있는 곳이라는 점에서 또 다른 의미를 찾아서 걸을 수 있는 골목길들이 남아있다. 예를 들어서 시인 윤동주를 비롯해서 송암 박두성, 우남 이승만, 난파 홍정후, 우당 이회영 등과 같은 이들이다. 서촌편으로 묶은 지역에서 만날 수 있는 그들은 일찍 기독교로 개종한 후 어떤 형태로든 자신의 삶을 통해서 남긴 것들이 있기에 찾아보는 의미가 있을 것이다. 또한 남감리교회 선교사들과 선교사 신분은 아니었지만 근대사에서 우리 국민들이 기억해야 할 양인들도 족적을 남긴 곳이다. 따라서 이제부터 서촌을 걸으면서 이곳에 남겨진 선교 초기의 이야기와 중심에 있었던 사람들을 만나보도록 하자.

새문안교회

　새문안로 중심에 자리하고 있는 새문안교회는 우리나라 최초의 조직교회다. 언더우드가 입국하기 전에 이미 서상륜에 의해서 전해진 복음을 듣고 개종한 사람들이 있었고, 그들은 선교사들이 정동에 왔을 때 언더우드를 찾아 자신들의 존재를 알렸다. 그러나 당시 선교사 신분으로 입국을 허락받았지만 정작 복음을 전하거나 공적으로 내국인의 종교적 의식을 주관할 수 없었기 때문에 교회로 형성시키기 까지는 시간이 걸릴 수밖에 없었다.

　즉 새문안교회는 언더우드(Horace G. Underwood) 선교사의 집에서 모임을 시작했기 때문에 그 출발이 언더우드에 의한 것이라고 생각하는 것은 자연스럽다. 하지만 새문안교회의 출발은 그 이전의 역사로 거슬러 올라간다. 그것은 언더우드가 이 땅에 입국하기 이전, 이미 만주에서 조선을 선교하기 위해서 활동하고 있었던 로스(John Ross)선교사가 중심이 되어 한글 성경을 최초로 번역하면서 조선 선교를 위한 뜻을 펼쳤다.

존 로스

　로스는 조선인들(이응찬, 백홍준, 이성하, 김진기)을 통해서 1876년부터 우리말과 글을 익히면서 그들을 전도했고, 동

　한국기독교 역사 현장을 찾아서

시에 성경 번역을 시도했다. 또한 로스의 매부인 매킨타이어(John Macintyre)선교사가 1876년 조선인들에게 세례를 주어 최초로 세례교인이 탄생했다. 1881년까지 로스는 우리말 신약성경 전체를 초벌 번역을 완성했다. 하지만 그 중에서 누가복음과 요한복음서 번역을 다시 살펴보면서 수정했고, 1882년 봄에 출판을 했다.

로스 번역 신약전서(1887)

그러나 번역한 성경을 출판하기까지는 난관이 많았다. 그것은 한글 활판이 없었고, 인쇄 기술자도 없었기 때문이다. 로스는 그러한 준비까지 직접 해야만 했고, 그 과정이 순탄하지 않았기에 많은 시간이 걸렸다. 따라서 번역을 시작해서 비록 완역은 아니더라도 쪽복음서가 나오기까지 많은 시간이 걸렸다. 하지만 그것은 우리말 성경의 효시가 되었고, 초기 전도문서로서 결정적인 역할을 했다고 할 수 있다.

복음서가 출판되자 로스는 그것을 번역에 동참했던 조선인들에게 들려서 고향으로 돌아가서 전하도록 한 것이 국내에 복음전파의 효시가 되었다. 이것은 선교사들이 국내에 입국해서 복음을 전하기 시작하기 이전의 일로써 새문안교회가 탄생하게 된 계기가 되었다. 그러한 의미에서 새문안교회는 언더우드의 집에서 시작되었지만, 동시에 그 공동체는 언더우드가 입국 이전에 서상륜에 의해서 장안에 복음이 전달되었고, 그 중에 개종한 사람들에 의해서 이미 형성되었던 공동체라고 할 수 있다. 서상륜은 정동에 머물고 있는 언더우드를 찾아가서 자신을 중심으로 한 공동체가 있음을 알렸다. 하지만 당시 공식적인 기독교의 집회가

언더우드의 집

불가능했기 때문에 언더우드는 그들을 자신의 집으로 불러들여서 예배
를 드리면서 교회로 세워감으로써 오늘의 새문안교회가 되었다.

그러한 의미에서 새문안교회는 언더우드가 입국하기 이전에 내국
인에 의해서 형성된 공동체였고, 언더우드가 입국하여 1887년 9월 27일

소래교회(마당에 흰색 바탕에 붉은색 십자가 깃발을 세워 교회를 표시한 것
이 인상적이다) 출처:서울역사박물관<100년 전 선교사, 서울을 기록하다>

한국기독교 역사 현장을 찾아서

한국 최초의 조직교회(당회를 구성한)가 되었다. 이것은 이제 막 걸음마를 시작한 단계의 한국 선교인데, 새문안교회는 장로를 세우고 교회로서의 기능을 할 수 있었다는 의미이다. 그 자리에는 서상륜에게 복음을 전하고 성경 번역의 주역이었던 로스 선교사도 참석하였다. 그 이후 언더우드는 조선에 이미 공동체가 있음을 확인함으로써 순회전도를 나서서 황해도 장연의 소래(松川)를 찾아가 그곳에 형성된 공동체에서 세례를 베풀기도 했다.

또한 언더우드는 의료선교사로 온 엘러스(Bunker Annie Ellers)로 하여금 여학당을 시작하게 했다. 이것이 후에 정신여학교로 발전을 했다. 그 과정에는 많은 어려움과 일시적인 단절도 있었지만 정동 안에서 감리교 선교부가 설립한 학교들과 함께 장로교 선교부의 학원선교의 중심이 되었다. 이렇게 정동에서 시작된 언더우드의 사역은 한국교회사에서 최초라는 수식을 붙이게 되는 다양한 일을 전개했다.

그리고 그의 사역의 중심에는 언제나 새문안교회가 있었다. 그는 1885년 4월 5일 아펜젤러와 함께 제물포에 도착했지만 서울에 입경한 것은 언더우드 혼자였다. 아펜젤러는 갑신정변의 후유증이 아직 아물지 않은 상태였기 때문에 외국인이, 그것도 여자가 서울에 들어간다는 것은 위험하다고 판단했다. 아펜젤러는 부인과 동반했기 때문에 혼자가 아니었다. 이러한 판단은 아펜젤러 개인이 한 것이 아니라, 미국 대리공사인

언더우드 기념비

포크(George C. Foulk)가 아펜젤러 부부의 서울 입경을 만류한 결과이다. 따라서 아펜젤러 부부는 4월 13일 제물포에서 다시 일본의 나가사키로 돌아갔으며, 언더우드는 혼자서 서울에 도착하여 정동에 자리를 잡았다. 따라서 그가 선교사의 신분으로 정동에서 행한 대부분의 것은 최초라는 수식어가 붙을 수밖에 없었다.

예를 들어서 공식적으로 그의 집에서 예배를 드린 일이다. 그보다 6개월 남짓 먼저 와서 활동하고 있었던 알렌(Horace Newton Allen) 선교사, 그리고 언더우드보다 한 달 후에 입국한 감리교 선교사인 스크랜턴(William Benton Scranton) 가족, 그리고 헤론 등과 함께 1885년 7월 5일에 자신의 집에서 예배를 드리기 시작했다. 비록 조선인은 참여할 수 없는 예배였지만 조선의 중심 정동에서 처음으로 예배를 드렸다. 이렇게 정동에 자리를 잡으면서 당장 우리말을 배우는 것을 시작으로 알렌을 도와 제중원 의학반에서 가르치는 일을 시작한 것이 그의 일이었다.

그런데 그의 눈에 들어온 것은 거리에 일정한 거처도 없이 돌아다니는 고아들이었다. 어학선생의 소개로 특별히 한 사람을 고용해서 장안의 고아나 걸인의 형편을 알아보도록 했는데, 그 사람이 한 명의 고아

김영주 목사 순교기념비와
언더우드 나무 2세

　　　　　　　　한국기독교 역사 현장을 찾아서

를 데리고 온 것을 계기로 1886년 5월 11일 고아원 개원예배를 드렸다. 감리교회의 아펜젤러도 참여했던 이 개원식에 이어서 고아원은 이내 여러 명의 고아들이 모여들었다. 이 고아원은 단지 고아들을 수용하는 시설이 아닌 아이들을 교육하는 것을 목적으로 했기 때문에 학교로 발전했다. 그것이 경신학교이며, 사실상 복음을 전할 수 있는 방법이기도 했다. 이렇게 정동에 자리한 언더우드의 집과 사랑채, 그리고 새로 마련한 건물들을 통해서 고아원과 학교를 동시에 시작함으로 우리나라 근대교육과 보육시설을 출발시켰다. 공식적으로 복음을 전할 수 없었지만, 아이들을 돌보며 가르치는 과

경신학당과 정신학당 초기
고아원학교와 원생들

정에서 자연스럽게 복음을 전할 수 있었던 것은 선교사로서 큰 보람이었을 것이다.

언더우드가 살고 있는 바로 옆집을 예배당으로 하여 예배모임을 인도하면서 우리말을 익히던 언더우드는 우리말 사전의 필요성을 절감하여 <한영자전>을 편집함으로써 우리말 발전과 외국인들이 우리말을 배움에 있어서 매우 중요한 도구가 되게 했다. 또한 우리말 성경이 필요함을 절감하면서 성경번역을 주도하는 중심에 섰다. 그러한 의미에서 그의 집은 사실상 한국선교본부 역할을 했다고 할 수 있다. 초기 성경번역위원들 모임도 그의 집에서 시작했고, 선교사공의회가 결성되는 과정에서

신약번역 위원회(1904) 앞줄 좌로부터 레이놀즈, 언더우드, 게일,
뒷줄 김정삼, 김명준, 이창직

도 그 중심에 언더우드와 새문안교회가 있었다.

　　국내에서 실시된 최초의 유아 세례도 새문안교회가 기록을 가지고
있다. 1888년 4월 25일 서경조의 아들 서병호에게 세례를 행함으로써 최
초의 유아 세례자가 되었다. 물론 새문안교회가 설립되기 전인 1886년 7
월 18일 주일에는 국내 최초의 세례교인이 언더우드에 의해서 탄생되었
다. 1884년 봄 어느 날 알렌 선교사의 집에서 우연히 접한 한문 성경(마
가복음, 누가복음)을 발견한 노춘경이라는 사람이 성경을 밤새워 읽고
개종을 결심한 후 이튿날 아침 언더우드를 찾아왔을 때, 그에게 기독교
교리서를 주고 읽게 했다. 5~6개월이 지난 후 자원하여 세례를 요청했
고, 언더우드는 그에게 세례를 시행함으로써 국내 최초의 세례교인을 탄
생시킬 수 있었다. 이러한 일들이 있게 되면서 언더우드는 당장 복음을
전하거나 교회를 세우는 일은 어렵지만 교회설립의 필요성을 절감하게
되었다.

　　　　　　　　　　　　　　　　　한국기독교 역사 현장을 찾아서

새문안교회를 생각하면 반드시 기억해야 할 것은 이 교회가 배출한 걸출한 민족의 지도자들이다. 그 첫 번째는 도산(島山)이다. 안창호가 그리스도인이라고 하면 낯이 설다. 하지만 도산을 개종시켜 민족의 지도자로 서도록 하는 데는 새문안교회의 장로로 장립을 받은 송순명의 공이 컸다. 그는 일찍 부모를 잃고 장안에 떠돌아다니던 고아였다. 그러한 그가 12살 되던 해인 1887년

언더우드가 개설한 고아원(학교)에서 자랐고, 이 교회의 장로가 되었다.* 신실하고 성경에 관한 지식이 출중해서 한국 교회 초기 권서인으로 활동을 하면서 복음전도의 공헌이 컸다.

그러한 그가 도산을 개종시킬 수 있었던 것도 하나님의 섭리였다. 도산은 1895년 청일전쟁이 평양에서 발발하자 전쟁을 피해서 서울에 왔다가 집으로 돌아갈 수 없는 상황이 되었을 때, 마침 밀러(F. S. Miller) 선교사가 "누구든지 배우고 싶은 사람은 우리 학교로 오시오. 먹고 자고 공부를 거저 할 수 있소!"라고 외치는 소리를 듣고 찾아들었는데, 그것이 새문안교회가 새롭게 시작한 영신학교였다. 이 학교는 새문안교회가 1895년에 설립한 학교로 학교 운영비의 50%는 새문안교회 성도들의 헌

---

* 새문안교회는 1887년 우리나라 최초의 조직교회가 되었다. 이 때 장립한 장로 두 사람이 있었는데, 그들의 이름은 지금까지 알 수 없고, 또한 당시 장립한 장로는 실제로 새문안교회에서 활동을 하지 않은 것으로 알려지고 있다. 따라서 실제로 첫 번째 장립된 장로 두 사람이 있었고, 송순명 장로는 두 번째로 장립되었으며 세 번째 장로인 셈이다.

우사 김규식

금으로 충당했다. 또한 언더우드
가 설립한 예수교학당(1897년 폐
교)이 지속되지 못하게 되었을 때
그 학생들까지 받아들이기도 했
다. 그곳에서 송순명 장로는 안창
호를 만났고, 송 장로는 안창호를
끈질기게 전도하여 예수님을 믿
게 했다. 안창호는 그 후 영신학교
교사가 되어 3년간 활동을 한 후
민족의 미래를 위한 헌신을 다짐
하게 되었다.

　새문안교회 역사에서 생각하지 않으면 안 될 사람이 또 있다. 그것
은 우사(尤史) 김규식이다. 김규식은 훗날 새문안교회의 장로로 장립을
받아 언더우드의 비서 역을 감당하다가 독립운동가로 활동을 했으며,
해방 이후에는 이념갈등이 심화되었을 때 민족주의 노선에 서서 좌우합
작운동을 이끌었던 인물이다. 그런데 이 김규식 장로는 고아로 여섯 살
때부터 새문안교회에서 성장해서 장로까지 된 사람이라는 점에서 진정
한 새문안교회 사람이다.

　그는 1881년생으로 그가 여섯 살 때인 1887년에 언더우드의 고아
원에 입양되어 새문안교회에서 유년기, 청소년기, 청년기까지 성장했다.
그리고 1910년 12월 18일 만 29세에 장로 장립을 받았다. 고아로 언더우
드의 손에 이끌려 새문안교회에 발을 들여놓은 김규식은 총명했다. 언
더우드는 그를 1897년 미국 버지니아의 로녹대학(Roanoke College)으
로 유학을 갈 수 있도록 했다. 1903년 졸업한 그는 을사늑약이 체결되던
1905년에 돌아왔다.
　당대에 흔하지 않은 유학파이기에 그에게는 많은 역할을 요청하

　　　　　　　　　　　　　　　　　　　한국기독교 역사 현장을 찾아서

는 유혹이 있었다. 하지만 그는 자신
을 키워준 언더우드의 비서역을 자
처하여 새문안교회를 섬기면서 경
신학교 교감, YMCA학생부 간사, 배
재학교 영어 강사 등을 하면서 교육
과 계몽운동에 힘을 썼다. 주어진 일
에 충실한 그의 모습은 새문안교회
의 장로로 세움을 받기에 충분했기
때문에 한일병탄이 있었던 1910년
말에 장로로 장립을 받았다. 장로가
된 후 당회 서기로 섬기면서 새문안

송암 서병호

교회를 이끌었다. 하지만 1913년 망명을 할 수밖에 없는 상황이 되어 상
해로 떠남으로써 더 이상 새문안교회 장로가 아닌 민족지도자, 독립운
동가로 이름을 남겼다.

새문안교회는 또 한 사람의 민족 지도자를 배출했다. 그는 한국교
회사에서 최초로 유아세례를 받은 송암(松巖) 서병호이다. 앞에서 언급
했듯이 그는 소래교회를 설립하는 데 주역이었던 서경조의 아들로 언더
우드에게 유아세례를 받았다. 1887년 서경조의 둘째 아들로 태어난 그
는 세례를 받은 후 소래교회에서 성장하여 여덟 살이 되던 1893년 새문
안교회가 직영하고 있던 영신학교에 입학하기 위해서 상경했다. 1905년
이 학교를 졸업한 후 고향으로 돌아가서 해서제일학교, 평양 대성학교
등에서 교사로 봉사를 했다. 그러던 중 언더우드의 요청에 의해서 1909
년부터 모교인 경신학교의 교사와 학감으로 봉사했다.

그러나 언더우드는 김규식과 마찬가지로 단지 새문안교회의 일꾼
으로 만족하지 않고, 미래 조선의 지도자가 되어야 할 사람으로 알아 중
국으로 유학을 보냈다. 하지만 시국이 시국인지라 중국 상해에서 서병호

새문안교회가
첫 예배를
드렸던
언더우드의
사랑방(우)과
현 예배당
(아래)

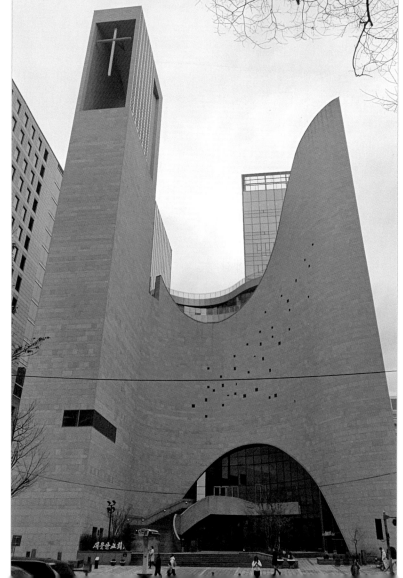

역사관

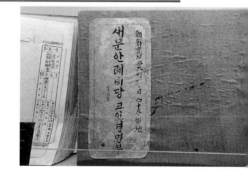

는 1918년 김규식, 여운형, 선우혁 등
과 함께 <신한청년단>을 조직한 후
자신이 당수에 취임하여 김규식을 파
리강화회의에 몰래 파송하였다. 1919
년 4월에는 대한민국 임시의정원과
상해 임시정부를 수립하여 핵심적인
활동을 했다. 임시정부 산하에 대한적십자회를 창설하는 등 독립운동을
하다가 해방을 맞아 1947년 귀국하여 다시 새문안교회 장로로 봉직하면
서 YMCA 전시비상대책위원장, 경신학교 이사장, 경신중학교 교장직 등
을 맡아서 섬겼다. 그는 독립한, 그러나 폐허가 된 나라의 미래를 위해서
교육과 계몽의 현장에서 수고를 이어가다가 1972년 별세했다.

이렇게 새문안교회는 민족의 지도자들을 배출하여 독립과 계몽,
국가의 재건을 위한 큰 역할을 감당할 수 있도록 했다. 이들 외에도 사회,

학계, 문화계 등 많은 지도자들을 배출하여 대한민국의 복음화와 문화와 경제 발전에 이바지하게 함으로써 대한민국 국민이 잊어서는 안 될 족적을 남겼다.

현재 새문안교회 예배당은 2019년 새롭게 지었다. 현재의 새문안교회라는 이름이 사용되기까지 정동예배당, 정동교회, 신문내제일예배당, 서대문교회 등으로 불리던 것을 1910년 현재의 위치로 이전하면서 새문안교회로 명칭을 바꾸어 오늘에 이르고 있다.

남감리교회 선교부 터

광화문 앞에서 사직터널 방향으로 눈을 돌리면 왼쪽에 커다란 건물이 보인다. 서울 경찰청이다. 경찰청이 자리하고 있는 터가 내자동 75번지로 본래 이곳은 침례교회 선교부가 구입해서 사용하려던 것인데, 때마침 침례교회가 충남 공주를 선교 거점으로 정하면서 이곳을 매각하게 되었고, 그것을 남감리교회 선교부가 구입해서 사용했던 곳이다.

남감리교회는 윤치호가 중심이 되어 선교부의 한국 유치를 성공시킨 경우다. 그러한 의미에서 다른 선교부와는 다른 선교의 역사를 가지고 있는 것이 남감리교회라고 할 수 있다. 개화파 정치인으로서 조선의

남감리교회
선교부

한국기독교 역사 현장을 찾아서

윤치호

미래를 걱정하고 있었던 윤치호는 기회만 있으면 조선을 개화시킬 수 있는 방법을 생각했다. 선각자로서 세계정세에 대해 알고 있었던 그는 어떻게 해서든지 선교사들을 통해서 조선의 개화와 미래를 열어가겠다는 생각이었다. 일찍 도미해서 신학공부까지 한 그가 미국에서 순회강연을 하면서 조선 선교의 절박함을 호소했고, 그의 강연을 듣고 조선선교의 비전을 갖게 되는 사람들이 나오기까지 했다.

윤치호는 강연료로 받은 돈 등을 모아서 1893년 3월 자신의 모교인 에모리대학교 총장 캔들러(W. A. Candler)에게 200달러를 맡기면서 조선의 청년을 교육할 수 있는 데 사용하도록 요청하기도 했다. 1895년

리드 선교사

2월 10여 년의 외국생활을 마치고 고향에 돌아온 그는 미국 남감리교회 선교부에 조선을 선교해 줄 것을 부탁했다. 그러한 그의 간절한 마음은 남감리교회 해외 선교부를 움직였다. 그 결과 같은 해 10월 남감리교회 핸드릭스(Hendrix)감독이 조선에 갈 선교사를 임명함으로써 조선 선교의 길이 열리게 되었다. 이때 최초로 조선에 선교사로 오게 되는 것은

감독인 리드(C. F. Ried)였다. 핸드릭스 감독은 선교사로 사역할 리드 목사를 대동하고 조선에 입국함으로써 남감리교회 선교부가 조선 선교를 시작하게 되었다.

남감리교회 최초의 교회인 고양읍교회를 세울 수 있도록 도운 것도 역시 윤치호였다. 자신이 초청해서 입국한 남감리교회 선교사들이 선교를 시작할 수 있도록 고양에 있는 객사(客舍) 주변의 부지를 마련해 주었다. 따라서 리드를 비롯한 초기 남감리교회 전도인들과 선교사들은 고양에서 예배를 드리기 시작해서 교회를 세웠다. 그곳에서 양육을 받은 그리스도인들이 의정부와 서울로 진출하면서 남감리교회의 선교영역을 넓혀갔다.

남감리교회 선교부는 처음에 거점을 남대문로에 위치한 한국은행 본점이 있는 곳에 자리를 잡았다. 그곳의 양반가 한 채를 구입해서 최초의 선교사들이 한글과 문화를 익히는 동안 한국인 전도인들이 중심이 돼서 외지로 전도를 나갔다. 그들이 중심이 되어서 윤치호의 도움으로 고양에 전도의 열매를 맺을 수 있었다. 따라서 남감리교회는 서울 장안이 아닌 고양시 고양동에 최초의 교회를 세웠던 것이다.

선교부가 자리를 잡은 한국은행 본점에 있었던 집에서는 선교사들이 예배를 드리고 있었기 때문에 자연스럽게 교회가 시작되었다. 당시 조선 사람들의 정서를 감안하여 남녀가 각각 따로 예배를 드린 것이 독특했다. 이곳에서 시작된 공동체는 후에 여자 신자들이 중심이 되었던 것은 종교교회와 자교교회의 출발점이 되었고, 남자 신자들이 모였던 공동체는 광희문교회가 된다.

남녀가 유별한 사회였기 때문에 리드 선교사 부인은 여자들을 모아서 예배를 드리면서 가르치는 일을 시작했다. 또한 1898년 5월부터 매일학교를 시작해서 가르쳤는데, 처음에는 아이들이 적어서 문제가 되지 않았지만, 시간이 지나면서 아이들이 많아졌고, 공간이 비좁아 문제가 되었다. 그러한 상황에서 남감리교회 선교부 소속 선교사들이 속속 조선으로 들어오게 됨으로 선교사들의 주거공간과 활동할 수 있는 공간이 턱없이 부족하게 되었다. 따라서 선교부는 학교를 할 수 있을 만큼 넓은 공간이 필요했다. 그러한 상황에서 찾게 된 것이 이곳 내자동 75번지 일대의 부지였다.

1898년 8월 이 공간이 확보되면서 남감리교회 선교부가 여자 선교부를 분리시켜서 이곳을 거점으로 만들었다. 따라서 주로 독신인 여자 선교사들이 거주하는 공간과 그들의 활동을 위한 시설로 사용하게 되

었다. 이곳이 확보되면서 남감리교회 여자 선교사들은 적극적으로 선교 활동을 시작할 수 있었다. 남감리교회의 학원 선교의 산물인 배화여학교도 바로 이곳에서 시작된 것도 자연스러운 일이다. 이곳으로 옮긴 후 2개월이 지나서 캠벨 선교사를 중심으로 기숙학교(boarding school)를 열었다. 당시 조선의 사회적 상황을 고려할 때, 기숙을 하면서 수업을 하는 형태의 학교가 필요하다는 판단에 따른 것으로 집중적인 신앙교육을 위해서도 반드시 필요하다고 생각했다.

이렇게 시작된 학교가 2년이 지났을 때 학생이 늘면서 수용공간이 필요해서 학교 건물을 지어야만 했다. 따라서 1900년 봄에 벽돌 건물 두 채를 2층으로 지어서 학교와 선교사들의 주택으로 사용하기에 이른다. 이처럼 내자동 75번지는 현재 경찰청이 있는 곳으로 남감리교회 선교부가 있었던 곳이다.

주시경 마당(당주동 1-1)

주시경마당이 있는 곳은 광화문 세종문화회관 바로 뒤편이다. 왜 여기에 주시경마당이 만들어졌을까? 그리고 한글학자로 알려진 주시경 (1876~1914)과 선교사인 헐버트(1863~1949)가 왜 같은 장소에서 기념되고 있을까? 주시경마당이라는 새김돌에 새겨진 이름을 보면서 가던 길을 멈추게 되고, 그 순간 많은 생각을 하게 된다.

주시경 선생 부조(좌)와 주시경 마당 새김돌(우)

두 사람은 국적, 인종, 언어가 전혀 다른 사람이다. 그럼에도 한 곳에서 기려지고 있음은 분명 그 사연의 공통점이 있음을 짐작할 수 있다. 주시경은 한글학자로 한국인이라면 대부분 알고 있다. 그렇지만 그의 행적에 대해서 알고 있는 경우는 많지 않다. 마찬가지로 헐버트 선교사 역시 우리말 발전에 큰 역할을 했고, 게다가 그의 경우는 독립운동에도 크게 기여했다. 따라서 이곳에 두 사람을 함께 기념하는 시설을 마련했다는 것은 그들을 기억하지 않으면 안 될 만큼 중요하다는 의미가 아니겠는가.

주시경(1876~1914)

그의 고향은 황해도 봉산이다. 그가 고향에서 한학을 공부하다가 1894년 배재학당에 입학하게 되는 것을 계기로 한양에서 생활하게 되었다. 그러나 배재학당에 입학한 그는 공부를 계속하지 못하게 되는 데 그것은 관립 이운학교 속성과에 관비생(장학생)으로 선발되어 공부할 수 있게 되었기 때문이다. 그는 졸업과 동시에 채용될 것으로 알았지만 정치적 현실은 모든 것이 허사가 되고 말았다. 결국 그는 1896년 배재학당에 다시 입학했다. 그가 배재학당에 입학하는 해, 독립협회가 결성되었고 서재필은 독립신문을 발행하게 되는 데, 그 신문을 인쇄하는 곳은 배재학당에 있었던 삼문출판사였다.

주시경 선생

이때 서재필에 의해서 독립신문사 회계 겸 교정 보조역을 맡게 되었다. 이것이 그가 한글학자가 되는 첫 번째 계기였다. 독립신문은 한글 전용을 선언하고 편집했기 때문에 신문의 발행과 함께 주시경에게는 극복해야 할 일이 산재했다. 당장 통일된 한글 표기법이 없었기 때문에 그것을 해결하기 위해서 국문동식회(國文同式會), 즉 한글표기법을 연구하는 모임을 만들었다. 물론 이것은 독립신문사 안에서 만들어졌고, 우리나라 최초로 만들어진 한글연구회다.

주시경의 국어문법

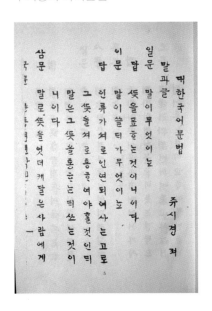

이렇게 일을 하면서 그는 1900년 배재학당 보통과를 졸업했다. 그는 학문에 눈을 뜨면서 배움에 대한 갈증이 더해져서 34세까지 공부할 수 있는 곳이라면 찾아가서 공부를 계속했다. 그만큼 그에게는 해야 할 일들이 주어졌다. 예를 들어서 공옥학교(상동교회), 명신학교, 숙명여자학교, 서우학교 등에서 교사로 가르쳤고, 협성학교, 오성학교, 이화학당, 흥화학교, 기호학교, 융희학교, 중앙학교, 휘문의숙, 보성중학교, 사범강습소, 배재학당 등에서

도 강사로 가르치는 일을 했다. 이때 그가 주로 가르친 것은 지리, 주산, 국어 등이었지만 그 중에 국어에 집중된 것을 그가 행한 일들을 보아 알 수 있다.

그는 독립신문을 교정하면서 한글 전용에 따른 극복해야 할 것을 체험적으로 깨닫고 1897년 '국문론'이라는 글을 신문에 실었다. 그것은 한글을 국민의 글로 사용하기 위해서는 반드시 한글의 문법체계를 확

한국기독교 역사 현장을 찾아서

정해야 한다는 주장이었고, 이것은 우리말 발전에 초석과 같은 역할을 하게 되었다. 이에 대해서 가장 뼈저리게 느끼고 있었고, 한글의 체계화를 간절히 바라고 있던 사람들이 다름 아닌 선교사들이었다. 선교사들이 한글을 배우는 과정은 상상 이상의 어려움이 있었다. 우선 한글을 배울 수 있는 교재가 없었고, 한글을 가르칠 수 있는 사람도 없었으며, 가르치는 사람들 자신도 한글을 체계적으로 배운 적이 없는 사람이었다. 따라서 누구에게 배웠느냐에 따라서 표기가 달랐다. 그러니 선교사 자신이 한글을 배우면서 교본을 만들어야 했다. 실제로 그렇게 만들어진 것이 로스 선교사의 우리말교본이다.

그러한 상황에서 주시경은 독립신문과 배재학당을 거치면서 한글학자로 성장했다. 이때까지 한글을 적극적으로 사용하지도, 체계적으로 발전시키지도, 그렇다고 제대로 가르치는 곳도 없었다. 그저 어깨너머로 필요한 사람들이 스스로 배웠다고 하는 것이 크게 틀리지 않을 것이다. 현재 우리말을 '한글'이라는 명칭으로 확정한 것도 주시경이다. 그는 세종대왕이 창제했지만 정작 조선정부조차 홀대했던 '훈민정음'을 '으뜸가는 글' '하나 밖에 없는 글'이라는 의미의 '한글'이라고 부르자고 제안을 했고, 현대

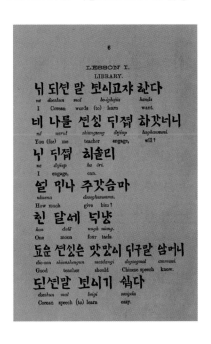

로스의 우리말 교본, Corean Primer라는 책명으로 1877년 발행

한글을 체계화하여 보급하면서 한글 교육에 힘썼다. 그러한 노력으로 1898년 12월 '대한국어문법'의 원고본을 집필함으로써 국어 발전에 결

정적인 역할을 했다.

1900년 6월 아펜젤러 선교사에게 세례를 받고 기독교에 입문한 다음, 상동교회 부설 학교에서 자신이 쓴 '대한국어문법'을 교재로 해서 국어문법을 가르치기 시작하여 처음으로 우리말 문법을 확립하게 되었다. 하지만 이 문법교재가 책으로 나오기까지는 시간이 더 걸렸다. 그마저도 목판본으로 인쇄된 것은 1906년이다. 1909년에 이르러서 캐나다 선교사인 게일(James Scarth Gale)과 '한어연구회'를 조직하여 한글을 연구 발전시키는 일을 했다. 이러한 일련의 노력은 '국어연구학회'를 발전시켜 '조선어강습원', 다시 '한글배곧'이라는 명칭으로 바꾸어서 우리말 연구와 보급을 위한 노력을 계속했다. 하지만 선생은 짧은 생애를 살았다. 1914년 7월 27일 39세를 살고 별세의 길을 갔다.

헐버트(Homer Bezaleel Hulbert, 1863~1949)

헐버트 선교사는 여러 가지 면에서 특별하게 기억되는 사람이다. 그는 다재다능한 사람으로 1884년 뉴햄프셔주에 있는 다트마우스대학(Dartmouth College)를 졸업하고, 유니온신학교에 재학 중이던 23세 때인 1886년 7월 4일 조선에 와서 육영공원(育英公院) 교사로 일을 했다. 이 학교는 조선 정부가 세운 최초의 근대식 교육기관이지만 실제로 육

육영공원이
있었던 터를
알리는 표지판
(현 시립미술관)

한국기독교 역사 현장을 찾아서

서울시립미술관(사진-미술관 홈페이지)

영공원의 기본골격을 만든 것은 헐버트였다. 육영공원은 그가 입국해서 불과 2개월 반이 지난 그해 9월 23일 개원을 하게 되는데 육영공원의 운영, 교육내용, 방법에 관한 모든 규정을 게일이 만들었다는 사실은 그의 역할이 컸다는 것을 반증한다. 요즘으로 말하면 국립학교이지만 운영시스템은 물론 교과 내용까지 그가 설계하여 개원한 셈이다.

그는 육영공원에 있는 동안 한글의 우수성을 깨닫고 1889년 자신이 한글을 배우면서 직접 한글을 공부할 수 있는 교과서 <사민필지>를 집필했다. 이 교과서의 내용은 지리 과목인데 세계 지리, 사회, 문화에 관한 내용을 담고 있고, 두 가지 목적을 가지고 집필했다. 하나는 지리과목에 대한 학생들의 관심이 높았기 때문에 내용은 지리로 했고, 그의 또 다른 목적은 놀랍도록 좋은 문자인 데 한글 교과서가 없다는 사실에 직접 집필하여 사용했다.

하지만 육영공원은 5년 만인 1891년에 문을 닫고 말았다. 따라서 그는 귀국했다가 1893년 9월 이번에는 감리교회 선교사 신분으로 다시 조선에 왔다. 그가 다시 내한해서 배재학당 내에 있는 삼문출판사를 이용해서 문서선교에 집중하면서 다양한 주제로 한국에 관한 글을 써서 발표했다. 그 과정에서 삼문출판에서 발행되는 독립신문에도 많은 도움을 주었다. 특별히 한글의 우수성을 깨달은 그는 미국 언론과 잡지에 한글의 우수성을 알리는 글을 여러 차례 기고했으며, 조선의 문화를 서양에 알리는 일에 크게 기여했다. 그가 한글을 접하면서 불편하게 느꼈던 띄어쓰기가 없는 한글 표기를 개선해야 할 필요를 느끼면서 처음으로 띄어쓰기를 도입하여 오늘날 사용하는 우리말 띄어쓰기를 탄생시킨 장본인이다. 그러한 의미에서 우리말 연구와 보급에 앞장 선 한글학자라고도 할 수 있다.

헐버트의 저술

뿐만 아니라 헐버트는 우리말에 관한 연구와 함께 많은 글을 남겼다. 즉 한글 창제 과정과 한글 자모에 대해서 연구한 "훈민정음", 한글, 이두, 한문을 비교연구한 "이두", "한국어", "한국어와 드라비다어의 비교 연구", 등과 같은 글을 써서 한글에 대한 체계적인 이해와 보급을 위한 노력을 했다. 이러한 그가 삼문출판사 책임을 맡았으니 자연히 주시경과의 관계가 연결되었다. 주시경을 비롯해서 서재필, 이승만도 배재학당 출신으로 가까웠다. 그 중에 주시경은 삼문출판사에서 헐버트의 지도 아래 출판 인쇄와 관련한 일을 하면서 함께 한글 발전을 위한 일을 했다. 그러한 의미에서 헐버트와 주시경은 '국문연구소'를 만들어서 우리말 발전을 위한 초석을 놓았다. 이렇게 보면 왜 두 사람을 기념하는 공간이 같은 곳에 만들어졌을까 하는 답을 알 수 있을 것이다.

그런가하면 우리 문화를 세계에 알리는 역할을 감당한 선교사들 가운데 게일 선교사와 함께 대표적인 인물이다. 예를 들어서 우리 민족

의 혼이 담긴 아리랑을 최초로 채보하여 아리랑, 군밤타령과 함께 서양 세계에 알렸는데, 이것은 한국 근대사에 있어서 서양음악사 발전에도 크게 기여했다. 1895년에는 영문 소설 "천로역정"을 우리말로 번역해서 출판함으로 이 역시 영문 문학을 조선에 소개한 최초의 것이었고, 이 과정에서 한글 로마자 표기법을 고안함으로써 외래어 한글 표기법의 기초를 놓았다.

그 밖에 그는 1897년 한성사범학교 교장, 1900년부터 1905년까지 관립중학교(현 경기고등학교) 교사로 활동하면서 1901년부터는 영문 월간지 <Korea Review>를 발행하여 조선을 세계에 알리고, 조선에서 활동하고 있는 외국인들에게 조선을 알리고 소통하는 역할을 했다. 또한 이

사민필지(헐버트가 1889년 순 한글로 쓴 한국 최초 세계지리 교과서)

이종전의 서울기행

고종 황제가 아관파천을 감행했던 러시아공사관(중앙 흰색건물)과
그곳에 이르는 길

때부터 이미 그는 일본의 계략을 알고 일본이 조선을 지배하려는 야욕
에 대해서 그 부당성을 알림과 함께 조선을 지키려는 입장에서 직접적
으로 나섰다. 결국 그는 조선의 정치적인 현안에 대해서 방관하지 않고
적극적으로 관여하기 시작했다.

그런가 하면 그는 고종 황제의 최측근으로 황제의 보필과 자문역을
맡아서 감당했다. 명성황후 시해사건 이후 고종은 신뢰할 수 있는 선교
사를 의지할 수밖에 없었는데, 그 중에서도 에비슨(Oliver R. Avison), 언
더우드(Horace Grant Underwood), 등과 함께 헐버트를 전적으로 신임하
여 국정에 필요한 일은 물론 개인 신변까지 지켜줄 것을 요청할 만큼 각

주시경 마당에 세워진 헐버트 부조와 조형물

별한 관계였다. 따라서 고종은 헐버트를 세 번이나 특사로 임명하여 외교적인 일을 대행시켰다. 그 중에서도 우리 국민이 기억해야 하는 중요한 사건은 1907년 네덜란드 헤이그에 이준 일행을 밀사로 파견하는 일도 맡아서 감당했다. 이 사건과 관련해서 그는 조선총독부에 의해서 추방을 당했다. 그리고 1919년에 있었던 3.1독립만세운동도 당연히 조선의 입장에서 지지했다.

1907년 일제에 의해서 사실상 추방당한 헐버트는 미국에서 서재필과 이승만이 독립운동을 전개하는 것을 적극 도왔고, 앞장서서 미국 정계와 접촉하면서 조선의 독립을 위한 노력을 했다. 뿐만 아니라 2차 세계대전이 끝나고 분단국가로 독립하게 된 조선의 현실을 통탄하면서 대한민국 정부수립을 위해서 백방으로 뛰어다녔다. 1948년 대한민국 정부가 수립되고 이듬해인 1949년 7월 29일 그가 조선을 떠난 지 40년 만에 다시 찾아왔다. 그리고 정부수립 1주년 기념행사에 참석하고자 했지만 8월 5일 갑자기 청량

헐버트의 장례식에서 추모사 중인 이승만 대통령

리 위생병원에서 별세했다. 마치 조선에 묻히기 위해서 마지막 여행을 한 것처럼 그는 이 땅에 잠들 수 있게 되었다. 8월 11일 우리나라 최초 외국인 사회장 장례식을 치렀고, 그는 양화진에 잠들어 있다.

이렇게 그의 마지막은 그가 고종 황제로부터 비밀특사로 부여받은 일, 즉 고종 황제의 내탕금을 찾아서 국가 독립을 위한 기금으로 사용하

도록 해야 했지만 이 특명을 완수하지 못한 채 별세의 길을 간 것이 그 자신에게도 끝내 아쉬운 일이다. 그러나 고종의 내탕금은 이미 일본에 의해서 빼돌려졌기 때문에 내탕금을 일본으로부터 받아내기 위한 일체의 증거자료까지 그는 가지고 왔다. 그렇지만 갑작스러운 별세로 마지막 비밀특사로서의 일은 감당하지 못하고 말았다.

주시경 가옥 터(새문안로 3길 36)

현재 주시경 선생의 집은 사라진 상태다. 다만 그 자리에 '용비어천가'(주상복합)라는 건물이 들어서 있다. 그 위치는 종교교회와 이웃해 있다. 그렇다고 선생의 집이 넓거나 큰 것이 아니었다. 곤궁한 살림이었고 좁은 공간에 5남매와 함께 살기에는 선생이 모아놓은 각종 자료와 책들이 더 옹색하게 만들었다. 이러한 그의 생활을 안타깝게 여긴 한 독지가가 이 자리에 집을 마련해주었는데, 선생은 이곳에서 평생 한글을 연구하고 보급하는 일을 했다. 하지만 그의 생애는 너무 짧았다. 선생이 39세가 된 1914년에 별세의 길을 가고 말았다.

주시경마당과 용비어천家는 같은 블록에 있으며, 주시경 선생이 살았던 집터에서 2차선 길(한글가온길)로 나와 새문안로 쪽으로 조금만

용비어천 家 명패와 주시경 흉상(흉상은 한글회관 입구에 있다)

가면 한글회관(새문안로 3길 7)이 있다. 한글회관이 이곳에 터를 잡은 것도 우연에 의한 것이 아니다. 주시경 선생의 집에 이웃한 곳에 자리를 잡은 것이다.

스코필드기념관(송월길 14-3))

　스코필드를 기억할 수 있는 곳이 아쉬운대로 마련되었다. 그동안 스코필드에 대한 우리의 의식이 부족한 것은 사실이다. 그렇기 때문에 그에 대해서, 그리고 그를 기념하고 있는 공간에 대해서 알고 있는 이들이 많지 않다는 것도 사실이다. 같은 공간에 있지만 정작 그것을 알고 찾는 이들도 많지 않다. 어쩌다가 지나치는 과정에서 우연히 만나게 되는 정도가 아닐지.

　이곳에 오면 서촌에서 만날 수 있는 특별한 벽안의 사람들이 있다. 앞에서 찾아본 헐버트, 딜쿠샤의 주인 테일러, 그리고 여기 스코필드이다. 그런데 세 사람은 모두 조선의 독립운동과 관련이 있다는 공통점이 있다. 또한 일본이 조선을 강제로 점령하고 있을 뿐 아니라 조선 내에서 부당하고, 지극히 악한 일을 행하고 있음을 온 세상에 알리는 일도 했다. 그 중에 이 공간의 주인공인 스코필드는 1919년 3.1독립만세운동 과정에서 일본 군경이 저지른 최악의 사건을 국제사회에 알리는 일과 함께 민족대표 34인으로 불릴 만큼 조선과 독립을 위해서 앞장섰다.

기념관 간판과 스코필드 흉상,
스코필드기념관 전시실(왼쪽부터)

Dr.Frank William schofield
1889-1970

스코필드(Frank William Schofield, 1889~1970)는 영국에서 태어나서 1907년 캐나다로 이주하였다. 가난했던 영국 생활을 떠나서 캐나다로 이주한 다음 철저한 장로교도로서 신앙생활을 하면서 그는 토론토대학교 온타리오 수의학과 대학에서 수의학을 공부하여 1911년 박사 학위를 받았다. 하지만 그 과정에서 소아마비에 걸려서 투병생활을 했는데 왼쪽 팔과 다리에 장애를 갖게 되면서 평생 지팡이를 짚게 되었다. 그러나 휴학을 하는 등 어려움이 있었지만 박사 학위를 받기까지 이겨냈다. 그리고 1913년 앨리스(Alice Schofield)와 결혼했다.

스코필드(1889~1970)

1916년 세브란스의학전문학교 교장인 에비슨(Oliver R. Avison) 선교사로부터 조선에 와 달라는 요청을 받고 그해 조선에 와서 세브란스의학전문학교에서 세균학와 함께 위생학을 가르쳤다. 학교에서의 강의와는 별도로 영어 성경반을 조직해서 학생들에게 틈틈이 성경을 가르쳤다.

그가 세브란스의학전문학교에서 가르치기 시작하면서 일본이 식민지로 지배하고 있는 조선의 현실을 알아가기 시작했다. 조선에 온 다음 해인 1917년 그는 장로교도였지만 조선감리교회에서 선교사 자격을 받고 조선 사회를 알아가는 일과 섬기는 일을 적극적으로 나섰다. 그가 만난 조선인 가운데 당시 YMCA총무로 활동하고 있었고, 그가 가장 존경했던 월남 이상재와 부인 김정해와의 관계에서 기독교 사회운동에 관심을 갖게 되었다.

그가 특별히 이 기념관에서 기려지고 있는 것은 1919년 3.1독립만

한국기독교 역사 현장을 찾아서

세 사건과 관련해서 그의 역할이 민족대표 34인으로 추앙될 만큼 우리나라 사람들에게는 잊힐 수 없기 때문이다. 1919년 3월 1일 만세운동이 시작되기 전인 2월 5일 이 거사를 준비하고 있던 사람들 중에 한 사람인 이갑성을 만나서 만세운동을 전개함에 있어서 해외 정세를 파악해주는 일을 요청받았다. 그러니 그는 이미 이 운동이 계획되고 있음은 물론이고, 그가 만세운동과 관련해서 주한 외교관들 사이에 분위기를 알아보는 역할을 분담했기 때문에 실제로 그는 3.1만세운동의 주역이었다고 할 수 있다. 이때 이갑성은 세브란스병원의 직원이었고, 스코필드는 교수였으니 자연스럽게 만남이 이루어졌고, 세브란스병원의 모처에서 독립선언서도 준비되고 있었고, 그것을 전국 교회에 전달하는 역할을 맡은 것은 이갑성이었으니 스코필드가 만세운동에 동참한 것은 우연이 아니었다.

특별히 우리 국민들에게 스코필드가 알려지게 된 것은 그가 탑골공원에서 시작된 만세 시위 현장에서 일본 경찰들이 탄압하는 장면을 사진에 담았고, 화성시 발안읍에 있는 제암리교회 학살사건을 사진과 기고문을 통해서 국제사회에 고발한 것 때문이다. 그는 '제암리, 수촌리에서의 잔학행위에 관한 보고서'를 작성하여 일제가 저지른 만행을 세상에 알리는 일을 지속적으로 했다. 그러한 현장을 목격한 그는 직접 하세가와(長谷川好道) 총독과 미즈노(水野鍊太郎)총감 등을 찾아가서 비인도적인 탄압과 만행을 중지할 것을 호소했다. 이러한 그의 행동을

스코필드가 찍은 대한문 앞에서 만세를 외치는 군중

좌시할 수 없었던 일본은 그에 대한 살해 협박까지 함으로써 세브란스에서의 일을 더 이상 연장하지 못하고 1920년 조선을 떠나게 되었다.

해방이 되고, 대한민국정부가 수립이 된 후 1958년 정부가 국빈으로 그를 초청했다. 다시 돌아온 그는 그의 전공을 살려서 서울대학교 수의과대학에서 수의병리학을 가르치기도 했다. 일시 캐나다로 돌아갔다가 다시 돌아온 그는 서구에 살고 있는 친구들을 중심으로 '스코필드기금'을 조성하여 미래의 지도자들을 양성하는 일을 했다. 1970년 81년의 삶을 마무리하고 국립중앙의료원에서 별세했고, 그는 한국인보다 더 대한민국을 사랑했고, 독립운동에 기여한 공을 인정하여 국립서울현충원에 안장했다.

경교장과 김구

경교장이 알려진 것은 해방 이후 백범 김구 선생이 상해 임시정부 요인들과 귀국하면서다. 김구가 귀국해서 이곳을 거처로 삼은 후, 정부 수립을 위한 일을 이끌면서 시대의 눈들이 집중되었던 곳이기 때문에 세상에 널리 알려졌고, 후에는 김구가 암살당한 곳이어서 그 명성을 더하게 되었다. 우리의 의지와는 관계없이 한반도를 양분해서 지배하는 동서의 냉전체제가 구축되면서 해방 이후 정부수립의 과정에서 양분된 국론과 세계의 정세는 우리 민족과 한반도의 비극을 만들었다. 그 역사의 현장이기도 한 이곳, 경교장은 결코 잊혀서는 안 될 곳이다. 그렇지만 경교장이 어디에 있는지를 아는 이들이 많지 않은 것도 현실이다.

이 건물은 본래 일제 강점기에 금광업자인 최창학이라는 사람이 자신의 주택으로 지었다. 그는 일제 말기, 그러니까 일본이 조선에 대한 완전한 식민지를 확립하기 위한, 그리고 대동아 정복을 목적으로 하는 최후의 전쟁을 준비하면서 더욱 강력한 식민통치를 시행하던 1938년 이곳의 대지 1584평 위에 연건평 264평의 대저택을 지었다. 최창학은 친일파 사업가로서 금광 사업을 통해서 많은 부를 축적했고, 장안에 내로라 하는 저택을 마련하기를 원했다.

김구

이 건물은 1936년에 착공해서 2년의 공사기간을 거쳐서 1938년에 준공했다. 이렇게 지어진 건물의 택호는 처음부터 경교장이 아니었다. 건축주인 최창학은 당시 이곳의 일본식 지명이 죽첨정(竹添町)이었기 때문에 지명을 택호로 삼아서 죽첨장(竹添莊)이라고 했다. 이 건물은 김세연(해방후 대한건축학회 초대회장)이 설계를 했고, 2층으로 된 일본의 건축양식이 많이 가미된 서양식 건물이다.

경교장 전경

　　경교장은 강북삼성병원이 인수해서 본관의 현관으로 사용했었다. 현대식 병원건물과는 어울리지 않지만 건물이 살아남은 것만으로 위안을 삼아야 할 것이다. 사실 거대기업이 운영하는 병원은 건물을 확장하는데 방해가 되어서 병원의 입장에서는 1996년 이 건물을 헐어서 옮기려고도 했지만 관련 단체와 학계 등이 나서서 병원 당국과의 소통을 통해서 살아남게 되었다.

　　본래 죽첨장이라는 택호가 경교장으로 바뀌게 된 것은 상해 임시정부의 김구 주석이 1945년 11월 23일 귀국해서 이곳에 머물면서 정치행보를 시작하게 되면서다. 김구는 이곳에 머물면서 일본식 지명을 따라서 지은 택호를 주변의 개울에 놓인 다리(京口橋) 이름을 따라서 경교장(京橋莊)이라고 칭함으로 바뀌게 되었다. 친일 사업가 최창학은 이 저택을 지어서 사용하던 중 해방을 맞아 자신의 친일행위에 대해 반성하면서 귀국하는 김구 선생의 거처로 내어놓았다. '김구선생환영준비위원회'는 이 건물을 김구의 숙소와 집무실 겸 사실상 임시정부의 청사처럼 사용하게 했다. 김구는 이곳에서 1945년 11월 23일부터 그가 안두희에 의해서 살해될 때까지, 즉 1949년 6월 26일까지 살면서 통일정부수립을 위

　　　　　　　　　　　　　　　　　한국기독교 역사 현장을 찾아서

한 정치적인 행보를 이어갔다.

백범이 이곳에서 살해된 후 경교장은 자유중국의 대사관저로 사용되었다. 6.25사변 중에는 미군이 주둔하기도 했고, 휴전 후에는 월남 (베트남)의 대사관저로 사용되기도 했다. 그러다가 1967년에 고려병원 (현 강북삼성병원)이 인수해서, 경교장 옆에 병원건물을 짓고 두 건물을 연결해서 현관처럼 사용했었다. 경교장의 1층은 삼성병원의 현관으로, 또한 원무과와 약국이, 2층은 중환자 보호자 대기실과 의사들의 휴게시설로 사용되었다. 그러다가 2009년 경교장 복원화사업을 결정하고, 임시정부 주석인 백범 선생이 귀국해서 이곳에 머물렀던 당시의 모습으로 완전하게 리모델링을 해서 2013년 일반인에게 개방되었다. 병원의 입장에서는 자신들의 건물로 유용하게 사용할 수 있지만 리모델링해서 일반인에게 공개함으로써 결과적으로는 사회적 공헌을 한 셈이다. 따라서 소유는 삼성이, 운영은 서울시가 하는 모양새가 되어있다.

경교장 내부의 지하층에는 1) 경교장 건물의 역사, 2) 임시정부의 역사, 3) 임시정부요인들을 각각의 전시실에서 만날 수 있다. 그곳에는

김구 흉상과 전시실 내부

경교장 집무실과 피살 당시 입고 있던 김구의 옷

백범이 피살 당시의 입고 있었던 옷을 비롯한 유품들이 전시되어 있어서 해방과 함께 격변기의 상황을 알 수 있다. 1층에는 응접실(전시실), 귀빈식당, 선전부 사무실, 등이 재현되어있으며, 경교장을 홍보하기 위한 상영관, 그리고 2층에는 백범의 집무실과 숙소, 백범의 암살현장, 임정요인들의 숙소(다다미방)와 임시정부 각료회의가 열렸던 응접실(회의실) 등이 재현되어 있어서 찾는 이들로 하여금 광복과 정부수립의 과정에서 어려웠던 시대적 상황을 이해하는데 도움이 된다.

홍난파 가옥(송월1길 38)

공원들이 만들어지면서 시민들의 휴식공간이 늘어나고 있는 것은 사람중심의 도시를 만드는 것으로 다행이다. 게다가 단순한 쉼터가 아닌 주변의 역사와 문화유산들을 포함시키거나 복원하는 등의 노력으로 공원에서의 시간을 더 풍요롭게 하는 것은 덤이라고 하기에는 아쉬울 만큼 좋은 현상들이 나타나고 있다.

경교장에서 송월길을 따라서 인왕산 쪽으로 조금 올라가면 홍난파(洪永厚)가 생전에 살았던 집이 있다. 서울 성벽을 따라 홍파동에 조성된 월암근린공원과 이어져 있기에 찾는 사람에게 여유를 더해준다. 주변에는 국립기상박물관과 돈의문박물관마을 등이 있어서 도심에서 시민들이 쉴 수 있는 아름다운 공간이다. 경제 성장과 함께 국민들의 삶의 질을 더하게 하는 것들은 이러한 문화공간이라고 할 수 있을 것이다.

월암근린공원에서 만날 수 있는 것이 홍난파의 가옥이다. 이 집이 있는 곳을 중심으로 과거에는 독일 영사관이 있었기 때문에 독일인들이 주로 모여서 살았고, 그들에 의해서 건축된 집들이 여러 채 있었으나, 현재는 홍난파가 살았던 이 집만 남았다. 본래 이 집도 1930년 독일의 선교사가 지은 것으로 알려져 있다. 붉은 벽돌로 짓고 기와를 얹은 서양식 건물이다. 토지라야 100평 정도로 좁은 공간이고, 집의 규모도 연면적 40평이 못되는 작은 집이다. 홍난파가 이 집에 산 것은 1935년에 이사와 그의 말년에 6년간이 고작이다. 그렇지만 그의 생애에 있어서 가장 힘들었던 시기로써 만감이 교차하게 하는 장소이다.

2007년 좁은 공간이지만 1층에 음향시설을 해서 하우스콘서트를 할 수 있을 만큼의 장소를 마련했다. 이 집 지하에는 난파와 관련한 자료와 서적, 테이프 등 한국의 음악사를 찾아볼 수 있을 만큼 중요한 사료적 가치가 큰 것들까지 접할 수 있다. 거실에는 벽난로와 함께 난파 선생이 생전에 사용했던 악기들(첼로와 피아노), 그리고 일상생활에서 애용했

홍난파 가옥

홍난파 흉상

던 손때 묻은 책들과 음반들이 정리
되어있다. 언제든 선생이 나타나서
첼로나 피아노를 연주할 듯한 가정
의 분위기를 느끼게 한다.

집 앞에는 홍난파의 흉상이 세
워져있다. 선생을 기리기 위한 기념
사업회가 1968년에 세운 것인데, 어
려운 여건에서도 그의 존재를 기억
하도록 한 성과라고 할 수 있다. 흉
상에 새겨진 글귀는 그의 파란만장
한 생애와 그럼에도 그를 기억하고
자 하는 이들, 그리고 그가 남긴 많
은 동요와 가곡이 국민들의 입에서
불려지고 있다는 사실을 공감하게
한다. 흉상에 새겨진 [봉숭아를 비롯한 많은 가곡과 동요 백곡을 남기
신 난파 홍정후(1898~1941) 선생은 우리나라 처음 바이올리니스트로
1936년에는 경성방송 관현악단을 창설하여 지휘하신 방송음악 선구자
이다. 난파를 기리는 이들이 정성을 모아 그 모습을 새겨 여기 세우니 과
연 인생은 짧아도 조국과 예술과 우정은 길구나] 하는 글귀가 새삼 마음
에 다가온다.

그 밖에 난파의 집을 찾아보면서 그의 대표작이라고 할 수 있는 고
향의 봄과 봉선화를 생각하게 된다. 그가 일제에 의해서 강요된 변절이
있기 전에 작곡된 이 노래들은 민족의 노래, 국민의 노래가 되어 삼천리
강산에 울려 퍼졌던 것들이다. 요즘의 노래들과는 다른 리듬과 감성이
담겨진 것이지만 일제 강점기에는 국민을 하나로 묶어주는 노래로 조선

인임을 확인하게 하는 것이었다. 하지만 이러한 노래들을 들을 수 있는 기회조차 없어지니 왠지 점점 잊혀져가는 느낌이 드는 것은 나만의 것일까?

딜쿠샤(사직로 2길 17)

우리나라 근대사를 생각하면 주권을 잃은 국가가 처한 참담함을 떠올리게 된다. 일제에 주권을 완전히 빼앗긴 국가는 더 이상 국민들의 미래에 대한 책임을 질 수 없게 되었다. 일본이 조선에 대한 식민지를 완성하기 위해서 주권은 말할 것도 없고, 언어와 문화, 이름, 그리고 민족과 역사와 문화적 전통까지도 괴멸시키기 위한 시도를 할 때, 저항할 수조차 없이 무기력한 상태로 절망하고 있었다. 그래도 그렇게 역사에서 사라질 수는 없다고 분연히 일어났던 국민들의 저항, 그러나 상대가 되지 않는 연약한 백성들은 일제의 총칼 앞에 나뒹구는 낙엽같이 스러져갔다.

그렇게 한반도에서 일어나고 있는 일제에 의한 찬탈과 악행은 힘없는 백성들이 형용할 수 없는 고통 가운데 사라지게 했지만 외부세계는 그러한 사실을 몰랐다. 그렇지만 무기력한 조선의 백성들은 맨손으로 독립만세를 외쳐댔지만, 그야말로 어리석다고 할 만큼 상대가 안 되는 저항이었다. 당장 죽음을 목도하면서도 일제의 총칼 앞에서 독립만세운동은 끊이지 않고 전국적으로 이어져갔다. 시민들은 맨주먹으로 독립만세를 외치면서 처참하게 죽어가는 현실이지만, 그러한 사실은 식민지 조선에서의 일일 뿐이었다.

이러한 사실을 세상에 알린 사람이 있었다. 그가 앨버트 테일러(Albert Taylor)였다. 그의 아버지 조지 알렉산더 테일러(George Alexander Taylor)는 1896년 조선에 금광개발업자로 와서 일을 하게 되었을 때 아들인 앨버트를 비롯한 가족을 데리고 왔다. 아버지를 따라 조선에 왔던 앨버트는 금광에서 기술을 익히면서 아버지를 도왔다. 동시에 미국 AP통신사의 한국특파원(임시직)으로 활동을 하고 있었다. 이때 독립만세운동과 관련해서 박해를 받는 사람들과 제암리교회와 수촌리에서 일어난 학살사건 등을 접하게 되면서 이러한 소식을 서방에 알리는 역할을 했다.

앨버트 테일러

그가 만세운동에 대해서 관심을 가지게 되었던 결정적인 계기가 있었다. 앨버트는 동양의 각 지역을 순회하면서 공연하던 영국의 영화배우 메리 린리(Mary Linley)를 동경에서 만나 결혼을 하게 되어 서울에서 신혼생활을 하고 있었다. 1919년 2월 28일 해산을 위해 세브란스병원에 입원한 다음날 독립만세운동이 일어났다. 이때 세브란스병원 지하에서 독립선언서를 등사한 것을 알고 일본 순사들이 찾기 위해 병원에 들이닥쳤다. 갑자기 어떻게 할 수 없은 상황에서 간호사들이 독립선언서를 외국인 여성이 해산을 위해서 입원하고 있는 병실의 산모가 누워있는 침대 밑에 감춰놓게 되었다. 그런데 앨버트가 아이를 보기 위해서 들어와서 갓 태어난 아이(부르스)를 안아 올리다가 시트가 들춰지면서 감춰졌던 독립선언서를 발견하게 되었다. 그것이 비밀리에 계획되고 있는 만세운동과 함께 뿌려질 독립선언서인 것을 알게 된

한국기독교 역사 현장을 찾아서

앨버트는 특종감이면서 동시에 자신이 경험하고 있는 조선의 현실과 일본제국주의자들의 박해를 세상에 알리는 계기가 되었다.

앨버트는 동생 윌리엄에게 독립선언서를 구두밑창에 감춰서 직접 미국으로 가져가게 했고, 자신은 그 내용을 기사화해서 1919년 3월 12일 서방세계에 알렸다. 또한 일제의 만행에 대해서 스코필드와 언더우드(원한경) 선교사에게 알리고, 그들과 함께 총독부에 항의했다. 결국 앨버트는 그 일로 일본에 의해서 6개월간 감옥에 수감당하기도 했다. 그리고 일제 말기에 선교사를 비롯한 외국인들을 추방시킬 때 그도 조선을 떠나야 했다. 하지만 그는 미국에 돌아가서도 항상 조선에 돌아오기를 원했다. 특별히 그가 살던 집을 늘 그리워했다고 한다.

1945년 해방이 된 후 한국에 돌아오기를 원했지만 아직 혼란한 상태였고, 건강이 좋지 않은 상태로 지내다가 1948년 심장마

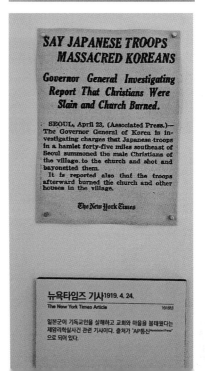

테일러가 송고한 뉴욕타임즈 기사
아래는 제암리 사건 취재기사

비로 별세했다. 부인 메리는 그해 10월 남편 앨버트의 소원대로 양화진 외국인 묘지에 있는 그의 아버지 조지 곁에 남편의 무덤을 만들어주었다. 그리고 한국에서 경험한 일에 관한 일들을 중심으로 강연을 하면서 캘리포니아에서 살다가 그녀도 별세를 했다.

그런데 그녀는 아들, 그러니까 1919년 2월 28일 세브란스병원에서 태어난 부르스(Bruce Tickell Taylor)에게 1940년 입대를 앞둔 어느 날 너의 집은 여기 딜쿠샤(Dilkusha)이니까 반드시 어떤 일이 있어도 여기로 돌아와야 한다는 말을 남겼었다. 전쟁에 참전하게 될지도 모르는 21세 아들에게 어머니로서 남긴 한 마디, 그것은 바로 여기 은행나무 옆에 있는 양옥의 이름인 딜쿠샤의 정초석을 가리키면서 한 말이다.

그러면 딜쿠샤(DilKusha)라는 택호를 가진 집은 어떤 것인가? 부르스 테일러의 아버지, 즉 일제의 탄압과 고통을 당하면서도 조선의 현실을 세계에 알리기 위해서 고생한 앨버트 테일러가 1923년 지으면서 택호를 딜쿠샤로 지어서 정초석에 새겨놓았던 것인데, 부르스가 태평양전쟁을 앞두고 입대를 하게 될 때, 그의 어머니 메리가 전장으로 나가는 아들에게 어떤 일이 있을지 모르니 어떤 상황에서도 네가 돌아올 곳은 여기 딜쿠샤라고 가르쳤다. 그리고 훗날 아버지 앨버트 자신도 비록 자신의

딜쿠샤 전경
(오른쪽 끝 은행나무는 권율 장룬 집 터에 있는 것으로 부르스가 기억하고 있는 것)

고향은 아니지만 자신의 생애에 있어서 전부였던 한국, 그리고 그의 삶의 현장이며, 자신이 직접 지었던 딜쿠샤는 결코 잊을 수 없었기에 마지막 소원이 한국과 딜쿠샤로 돌아가는 것이었다.

앨버트가 택호를 딜쿠샤로 지었는데, 그 의미가 무엇일까? 사실은 어느 나라 말인지도 모를 생소한 단어이기도 하다. 그것은 페르시아로 "이상향" "행복한 마음"이라는 의미를 가진 말이다. 앨버트가 자신이 조선에 거주하면서 새롭게 꾸린 가정의 행복과 자신의 아름다운 삶을 꿈꾸며 지은 집의 택호를 그렇게 지은 것이다.

하지만 그의 집은 지은 지 얼마 되지 않은 1926년 7월 26일 여름철 장맛비가 내릴 때 폭우와 함께 낙뢰가 굴뚝을 치면서 화재가 발생했었다. 이 낙뢰와 화재로 큰 피해를 보게 되었고, 실내에서 일하던 사람이 감전되어 부상을 입은 사고가 있었다. 이 사고로 테일러가 수집했던 많은

딜쿠샤 내부

골동품들이 소실되기도 했다. 그렇지만 앨버트는 이 집을 다시 수리해서 살다가 일제가 대동화전쟁을 일으키면서 외국인들을 추방할 때 조선을 떠나야 했다.

그의 가족들이 조선에서 추방을 당하기 전, 딜쿠샤는 창살 없는 감옥이었다. 1941년 앨버트는 일본경찰에 의해서 서대문형무소에 감금되었고, 부인 메리는 가택연금을 당했기 때문이다. 가택연금 상태에서 먹을 것조차 조달할 수 없었기에 이웃에 사는 주민들이 몰래 식량을 공급해줌으로써 겨우 살 수 있었다. 앨버트가 출옥한 후 1942년 강제로 추방시키고, 집은 일본이 몰수하여 민간인에게 불하했다. 일본이 패전과 함께 조선이 해방이 되자 추방을 당했던 앨버트는 한국으로 돌아가기를 원했다. 하지만 올 수 없었고, 불과 3년 후인 1948년에 캘리포니아에서 별세하였다. 그의 유언에 따라서 메리는 시아버지 조지 곁에 앨버트를 안장시켰다.

그 후 이 집은 6.25사변 이후에 자유당 국회의원 조경국이 소유했었으나 5.16혁명 이후 1963년 혁명 정부에 의해서 압수되어 국가 재산이 되었다. 하지만 이 집의 정체를 모른 채 여러 사람들이 입주해서 살아온 양옥이었다. 누가 지은 집인지? 언제 지은 것인지? 왜 거기에 남겨진 집인지? 무관심했고, 굳이 알아볼 수 있는 여유가 없는 세월을 살아왔다. 국가 소유가 된 다음에도 이 집에 대한 관심을 특별하게 가진 사람들이 없었다.

그렇게 지내오다가 2006년, 태평양전쟁을 앞에 두고 입대하는 자신에게 반드시 딜쿠샤로 돌아와야 한다는 말을 평생 마음에 간직하고 있었던, 앨버트의 아들 부르스가 한국을 찾아옴으로써 이 집의 정체를 분명하게, 그리고 세상에 알려지게 되었다. 그리고 그의 가족사에 대해서도 세상에 알려지게 되었다. 부르스가 어머니의 말씀대로 딜쿠샤를 찾아왔을 때, 비로소 이 집이 세상의 관심을 받게 되었다. 아무도 관심조차

한국기독교 역사 현장을 찾아서

갖지 않았던 집이었고, 철거대상으로만 생각하면서 주변의 재개발에만 관심을 가지고 있었는데, 부르스가 자신의 집 딜쿠샤를 찾음으로써 딜쿠샤는 죽음(?)을 면하게 되었다.

테일러 가족이 조선에서 추방을 당한 후 찾아온 그의 후손 부르스가 66년 만에 주인을 맞은 딜쿠샤인 셈이다. 이때 서울시는 부르스에게 명예 시민증을 주었다. 그 후 2017년 8월에 문화재로 등록이 되어서 서울시와 정부는 딜쿠샤를 2019년 3.1독립운동 100주년을 맞아 <앨버트테일러 박물관>으로 개관하려고 했다. 그렇지만 그동안 무관심 속에 버려졌던 집에 살아왔던 사람들이 퇴거되지 않은 상태가 이어지면서 사업이 마무리되기까지는 시간이 많이 필요했다.

부르스 테일러는 2015년 4월 19일에 별세하여, 어머니의 가르침에 따라서 이곳 딜쿠샤로 오기를 원했다. 그의 딸 제니퍼 테일러가 부르스의 사진등 가족의 유품을 서울시에 기증하고, 딜쿠샤 바로 옆에 있는 은행나무와 그녀의 할아버지들인 조지와 앨버트의 묘지에 아버지 부르스의 유골을 뿌려서 3대의 가족이 모두 양화진에서 쉼을 얻고 있다.

종교교회

새문안로에서 새문안교회, 주시경마당, 주시경 집터, 그리고 그 옆에 자리한 것이 종교교회이다. 새문안로에서 사직로 사이에 한 줄로 나란히 있다고 해도 틀리지 않다. 모두 세종문화회관 뒤편에 있다. 평소에는 그냥 지나치는 곳이지만 이곳에 초기 한국 교회가 남긴 여러 족적이 있음을 기억하면 좋겠다는 생각으로 걷는 곳이다.

종교교회

종교교회의 역사는 남감리교회의 선교 역사와 같이 한다. 남감리교회의 선교는 고양시에 제일 먼저 교회를 세웠고, 그 교회에서 양육을 받은 사람들이 서울 장안으로 들어오면서 서울 장안에 남감리교회 최초의 교회들이 세워졌다. 남감리교회 선교부가 장안에 처음으로 터를 잡은 곳은 현재 한국은행 본점이 있는 자리였다. 그곳은 통상 남송현 집이라고 불렀다. 따라서 1897년 고양에서 서울로 온 초기 신자들은 그해 6월부터 자연스럽게 선교사들이 있는 남송현 집에서 예배를 드렸다.

그러나 아직 조선 사회가 변하기에는 많은 시간이 필요했다. 남녀가 같이 앉아서 예배를 드리는 것이 불가능했기 때문이다. 따라서 남자들 중심의 예배와 여자들 중심의 예배를 따로 드려야만 했다. 이에 남성중심으로 예배를 드리던 공동체는 훗날 광희문교회가 되었고, 여성중심으로 예배를 드리던 공동체는 종교교회와 자교교회가 되었다고 할 수 있다. 그렇다면 이 교회들, 즉 종교교회와 자교교회의 시작은 같은 그 해로 보아야 할 것이다.

그러나 종교교회는 1900년을 시작으로 역사를 정리하고 있다. 그것은 직접적으로 종교교회라는 명칭으로 시작된 시점이라고 할 수 있다. 이미 남송현 집에서 모임을 갖고 있던 사람들이 있었지만, 그 집회를 이끌었던 첫 선교사인 리드 목사의 부인이 1899년 4월 갑작스럽게 발병하여 치료를 위해서 미국으로 건너간 사이에 이 공동체를 배화여학당을 설립한 캠벨 선교사가 1900년 4월 15일 부활주일을 기해서 다시 모임을 주도함으로써 리드 부인의 역할을 대신했다. 이 과정에서 단절된 시간이 있기 때문에 역사를 잇는 것으로 보지 않고, 캠벨에 의해서 새롭게 시작한 것으로 보는 입장이다.

다시 시작한 여성들 중심의 예배는 60여 명의 집회가 가능했고, 대부분 여성이었으며 남자는 겨우 3명이 참석했다고 한다. 이 공동체를 처음에는 '잣골교회'라는 이름으로 모임 장소를 선교사들의 집이나 학교 교실을 사용했다. 그러다가 1901년 가을에 벽돌로 예배당 건물을 지었다. 이때 지은 예배당은 '루이스워커 예배당'(Louis Walker Chapel)이라고 명명했다. 낯선 이름이긴 했지만, 초기에 지어지는 예배당이나 건물은 대부분 건축비를 후원한 사람들의 이름을 사용해서 고마운 마음을 표했다.

새로운 예배당을 마련했지만 이내 교회가 성장하면서 비좁게 되었다. 따라서 1908년 새로운 예배당을 준비해야만 했다. 결국 1908년 4월에 종침교(琮琛橋)라고 하는 다리 건너편 현재의 위치에 새 예배당(사직로 8길 48)을 마련했다. 이때부터 잣골교회는 종침교 건너편에 있는 교회라는 의미를 담아 종교교회로 불리게 되어 현재에 이르게 되었다.

캠벨의 집(이곳에서 배화학당, 자교교회, 종교교회가 출발했다)

신자가 늘어나면서 옮길 수밖에 없었지만, 그 과정에서 아픔이 없지 않았다.

즉 종침교 건너편으로 옮기면서 이름을 바꾸었지만, 정작 예배당을 옮기는 것은 어려운 문제였다. 왜냐하면 종교교회가 예배당을 옮기는 과정에서 일부의 사람들은 그대로 남아서 잣골교회의 역사를 잇기를 원했기 때문이다. 잣골교회라는 명칭으로 남은 사람들은 자신들의 신앙

옛 종교교회(1910)와
종침교 새김돌

한국기독교 역사 현장을 찾아서

의 전통을 이어가고자 했다. 이들은 1922년 경복궁 옆 창성동에 벽돌로 예배당을 짓고 나가게 되었다. 이들이 이어간 교회가 오늘날 자교교회이다. 그렇다면 자교교회의 역사도 여기로부터 이어가는 역사이다. 남감리교회의 선교역사는 이렇게 남송현 집에서 시작한 모임에 뿌리를 두고 있으며, 공동체가 형성되는 과정을 통해서 새롭게 각각의 교회를 세웠다.

이 교회의 특징은 초기 한국 교회가 형성되는 과정에서 보여주는 특별한 것이다. 남녀가 같은 공간에서 예배드리는 것을 허락하지 않았던 당시의 사회적 관습 때문에 각각 다른 공간에서 예배를 드려야 했다. 앞에서 살펴본 것처럼 그 중에 종교교회로 발전한 것은 여자들의 공동체였다. 이 공동체를 교회로 발전시키는 역할은 1907년 평대부흥운동의 동기유발에 중심에 있었던 하디(R.A. Hardie)선교사였다. 그는 1890년 내한하여서 부산에서 사역을 시작했다. 1900년 4월부터 이 공동체의 담임자가 되어서 종교교회로 성장시키는 지도자로서 역할을 감당했

종교교회 지도자
기념비(위)와
새김돌(아래)

로버트 하디(1865~1949)

다. 또한 감리교신학교인 협성신학교의 2대 교장(1909), 신학세계 창간(1916), 조선예수교서회 총무(1921)를 감당하면서 조선 선교를 주도하는 한 축으로써 역할을 했다. 그의 지도하에 종교교회는 성장했으며 한 시대의 사명을 감당했다.

한 편 처음에 남송현 자신의 집에서 종교교회로 발전하게 되는 여자들의 모임을 이끌었던 리드 부인은 갑작스럽게 병이 확인되면서 치료를 위해서 미국으로 돌아갔고 1901년 5월 미국에서 별세했다.

자교교회

종교교회에서 서울 지하철 3호선 경복궁역 3번 출구를 지나서 자하문로를 따라 서너 불럭 쯤 가면 만나게 되는 것이 자교교회이다. 자교교회는 물론 남감리교회 선교부가 남긴 유산들은 선교부가 있던 곳(내자동 75)을 중심으로 도보로 오갈 수 있는 거리에 있다. 종교교회에서 자교교회까지도 다르지 않다. 한 여름처럼 계절에 따라서는 조금 힘들 수 있지만 도보로 다니는 것이 훨씬 수월하고, 골목길을 걷는 나름의 맛도 느낄 수 있다.

앞에서 찾아보았던 종교교회와 더불어서 우리나라 선교 초기에 있었던 일들이지만 지금은 상상할 수 없는 일들이 많았다. 그 중에 하나가 신분의 차이와 남녀가 유별해야 했던 시대였기 때문에 교회 안에서도 다르지 않았다는 사실이 현재에서는 상상할 수 없는 일이다. 그러나 당시의 상황에서는 일반적으로 받아들였던 차별을 극복하는 것은 쉽지 않았다. 따라서 선교 초기에 선교사들이 해야 할 일 가운데 하나가 어떻게 그 차별의식을 버리게 할 수 있는가 하는 것이었다. 그만큼 시대적인 가치관을 극복하게 하는 것이 어려웠기에 선교 초기에 있었던 차별의식으로 인한 현상은 상상하기 어려운 것이었다.

그 중에 하나가 신분이 같은 사람들끼리 모이는 교회, 즉 양반들이 모이는 교회와 천민들이 모이는 교회, 그리고 남녀가 따로 모이는 교회가 있었다는 사실이다. 그런가하면 양반들이 교회에 올 때 머슴이나 몸종들을 데리고 오거나 가마나 말을 타고 오는 경우들이 있었다. 그때마다 선교사들은 양반들이 자신의 발로 교회에 다니는 것부터 가르쳐야 했고, 그것이 수용되기 까지는 시간과 여러 과정이 있었다.

그러한 의미에서 자교교회의 역사는 한 마디로 '여성교회'로 시작했다고 할 수 있다. 남감리교 선교부가 한국에 와서 선교를 시작할 때 그 중심에 있었던 리드 선교사 부인이 자신의 집에서 여성 중심으로 모임을 가지다가 갑작스러운 발병으로 귀국을 한 후에 사실상 해체되었던 것을 배화학당을 설립한 캠벨이 다시 모임을 시작하면서 세워진 교회다. 즉 배화학당의 학생과 교사들 60여 명이 모여서 예배를 드리면서 잣골교회라는 이름을 갖게 되었다. 이들은 배화학당의 교실과 선교사의 집에서 모임을 가졌다. 주로 학교 구성원들이 모였지만 캠벨은 교외의 사람들에게도 문을 열어서 참석할 수 있도록 했다. 하지만 대부분은 학교의 구성원이었고, 그 중에 남자는 서너 명 정도였다고 하니 사실상 여성교회였다고 할 수 있다. 이렇게 시작한 것이 현재의 자교교회이고 그 뿌리는 앞에서 찾았던 종교교회와 공유하고 있다.

캠벨이 주도하면서 처음에는 배화학교의 교실과 선교사들의 집에

서 모임을 가졌다. 1901년 가을에 이르러 벽돌로 예배당(Louis Walker Chapel)을 짓고 그곳에서 예배를 드리기 시작했다. 하지만 모이는 사람들이 급격하게 늘어나면서 더 이상 수용이 어렵게 되었다. 결국 1908년에 종침교 건너편인 도렴동에 새로운 예배당을 마련해야만 했다. 이때 새로운 예배당으로 나간 공동체는 상대적으로 양반중심의 신자들이었고, 그 공동체가 오늘의 종교교회로 발전했다.

한편 종교교회로 따라가지 않고 남았던 사람들은 잣골 예배당, 즉 루이스워커채플(Louis Walker Chapel)에서 예배를 드리다가 1910년 경 창성동 117번지(현, 자하문로 56)로 옮겼다. 그곳에 있는 한옥을 한 채 구입하여 예배를 드리면서 제대로 된 예배당을 사모하던 그들은 미국 남감리교회의 지원을 받아서 1922년에 이르러서 창성동에 연건평 82평 정도의 예배당을 새롭게 짓고 모임을 계속해갔다. 이렇게 자교교회로 성장한 그룹은 천민을 중심으로 하는 공동체로서 같은 감리교회이면서도 신분과 차별에 의한 교회형성의 일면을 볼 수 있게 하는 것이 종교교회와 자교교회의 역사다.

앞에서도 언급했지만 선교 초기의 한국 사회는 신분과 성차별이

한국기독교 역사 현장을 찾아서

심했다. 그러한 현상은 배화학교에서 시작한 종교교회와 자교교회로 분립 성장하는 과정에서 볼 수 있다. 즉 1908년 종교교회가 예배당을 짓고 나가는 사람들과 그 자리에 남았던 신자들의 신분이 달랐던 것이 하나의 이유였다. 종교교회로 합류한 사람들은 대부분 양반 가문의 사람들이었고, 반면에 남았던 사람들은 천민에 속한 사람들이었다. 자교교회를 형성한 사람들이 예배당을 마련한 창성동 일대가 경복궁의 외곽으로서 그곳에는 내시를 비롯한 궁궐에서 일하는 사람들이 살고 있었던 곳이고, 그들이 처음으로 마련한 예배당도 내시의 집을 구입한 것이라고 하니 짐작할 수 있게 한다.

현재의 자교교회 건물은 여러 차례 확장을 하면서 처음 지었을 때의 모습은 없다. 그러나 1922년 건축 당시의 몸체를 두고 사방으로 증축

자교교회와 머릿돌

을 한 형태이기 때문에 관심을 갖고 살펴보면 원형을 그려볼 수 있다. 주변 환경 역시 너무나 많이 달라졌고, 현대식 콘크리트 건물들이 예배당을 가리고 있어서 답답하다. 예배당 내부는 1987년에 있었던 확장공사 과정에서 마루바닥과 천정, 예배당 전면까지 완전히 바꾸었기 때문에 옛 모습을 찾을 수 없다. 그럼에도 그곳에 예배당을 마련하고 자교교회의 역사를 잇고 있는 공동체가 귀하다.

배화학당(필운대로 1길 34)

자교교회에서 서쪽에 위치한 인왕산을 바라보면 사직터널 쪽이 필운동이다. 자교교회에서 배화학교가 보이기 때문에 통인동. 누하동, 체부동 등에 남아있는 골목길과 조선후기 중인들이 살았던 흔적들까지 경험하면서 학교까지 이를 수 있다. 이곳은 일부러라도 시간을 만들어 골목길을 걷는 것을 추천한다.

현재는 배화라는 이름으로 중고등학교와 전문대학까지로 발전했다. 하지만 이 학교들은 1895년 남감리교 선교부가 입국한 후 시작된 사역의 과정에서 첫 번째로 세워진 학교인 배화학당에 그 뿌리를 두고 있다. 리드(C. F. Reid, 이덕)를 필두로 시작한 남감리교 선교부의 활동은

남감리교회 선교부

　　　　　　　　　한국기독교 역사 현장을 찾아서

그들보다 10년이나 일찍 시작한 북감리교 선교부에 비해서 늦었다. 따라서 선교지를 확보하는 일도 다른 조건일 수밖에 없었다. 남감리교 선교부를 유치하는데 결정적인 역할을 한 윤치호와 북감리교 선교사인 스크랜턴과 그의 어머니의 도움으로 남감리교 선교부는 자리를 잡고 사역에 임할 수 있었다.

　　이미 다른 선교부들은 학교나 병원을 시작한 상태에서 늦게 시작한 남감리교회 선교부는 먼저 교회를 개척하는 일부터 시작했다. 그러나 장안에 많은 고아들과 시대의 변화를 빨리 감지한 일부의 사람들은 남감리교 선교사들에게 학교를 해야 한다는 생각을 하게 만들었다. 앞에서 살펴보았던 것처럼 남감리교 선교부가 1897년 첫 번째로 세운 교회는 현재의 고양시 고양교회다. 이어서 두 번째로 세운 교회는 고양교회에서 장안으로 이사 온 두 가정을 중심으로 남송현 집에서 시작된 공동체다. 이 공동체가 예배를 드리던 남송현 집에서 리드 선교사 부인이 1898년 남자 아이 셋과 여자 아이 둘을 모아놓고 매일학교(day school)를 시작한 것이 교육사업의 효시다. 하지만 리드 부인이 병으로 급거 귀국함으로써 매일학교의 역사는 배화학교의 역사로 이어지지 못했다.

　　그 즈음 남감리교회 선교부는 침례교 선교부가 자리하고 있던 고간동(내자동 75)의 터와 건물을 매입하는 기회를 얻어서 선교거점을 마

배화학교

조세핀 필 캠벨 여사상

련할 수 있게 되었다. 마침 침례교 선교부는 공주와 강경을 전략적 거점으로 확정하고, 그곳으로 선교부를 옮기기 위해서 고간동의 거점을 남감리교 선교부로 양도한 것이다.

바로 그때, 1897년 10월 캠벨(Josephine Eaton Peel Campbell)선교사가 입국했다. 그녀는 당시 한국에 파송된 선교사들보다 나이가 많아서 그들 사이에 어머니라고 불리기도 했다. 또한 한국에 오기 전에 이미 중국에서 10년 동안 선교사로 활동을 한 경험이 있었기 때문에 입국과 동시에 중국에서부터 동반한 그녀의 양녀인 중국인 청년 도라 유(Dora Yui, Yu Ling-Tsu)와 함께 성경공부반을 시작했다. 이어서 고간동에 새로 마련된 시설에서 1898년 6명의 여학생으로 캐롤라이나학당이라는 이름으로 여학생 중심의 교육을 시작했다. 이것이 오늘날 배화학교의 효시며, 사실상 캠벨은 배화의 설립자가 되었다.

선교지에서 교육 사업은 단지 인성과 계몽에 있는 것이 아니라 복음을 통해서 그리스도인으로 거듭나게 하는 것에 있었지만 당시의 여건으로는 신앙교육을 하기에 어려움이 많았다. 따라서 캠벨은 기숙학교로 전환해서 24시간 함께 살면서 진정한 인성과 신앙교육을 모두 할 수 있을 것이라는 생각으로 기숙학교(boarding school)로 운영하기를 원했다. 선교부 입장에서는 경제적으로 더 많은 돈이 들어가기 때문에 쉽지 않았지만, 교육 목적을 달성하기 위해서는 필요하다는 선택이었다.

이렇게 해서 시작된 배화학당은 처음에 캐롤라이나학당이라는 이름으로 시작되었다. 그런데 캐롤라이나학당 이름이 생소하다. 이것은 배화학당의 처음 이름인데, 남감리교회 선교부가 고간동에 부지와 시설을 마련하는데 결정적으로 도움을 준 사람들을 기리기 위한 것이었다. 즉 남감리교회 선교부가 이곳에 터를 마련하는데 고사리 같은 손들의 헌금에 의한 것이었기 때문이다. 당시 미국 사우스 캐롤라이나주의 주일학교 학생들이 은둔의 나라 조선의 선교를 위해서 정성껏 모아서 보낸 돈으로 고간동의 거점을 마련할 수 있었기 때문에 처음 시작하는 학교의 이름을 그들을 기억하기 위한 선택이었다.

그러나 한국 사람들은 그 발음이 어려웠다. 하여 한국인들은 '잣골학교'라고 불렀다고 한다. 그러던 차에 1903년 중학교 예비과를 설치하면서 인가를 받게 될 때 남감리교회 선교부를 유치하는데 결정적인 역할을 한 좌옹 윤치호가 배화(培花)라는 이름을 지었다. 하지만 이것이 학교의 공식적인 이름으로 바뀌는 것은 1910년이었다.

현재 배화여고가 사용하고 있는 교사를 중심으로 한 필운동의 시설들이 마련되어 고간동에서 이곳으로 옮겨온 것은 1916년이다. 초등과정은 해방되는 해인 1945년 9월에 폐교하고 재학생들은 종로초등학

리드 선교사 내한 100주년, 배화학원 창립 110주년 기념비

교로 배정하고 역사의 막을 내렸다. 1951년에 중고등학교가 분리되었고, 1978년 배화여자대학교의 전신인 배화여자실업전문학교를 개교하여 오늘에 이르고 있다. 남감리교 선교부가 마련한 이곳에서 한국의 귀한 인재들이 양성되고 있는 것은 초기 선교사들이 뿌린 씨앗이 자라고 있는 모습이라고 할 수 있다.

배화학당의 양관(洋館)들(필운대로 1길 34)

배화학당은 발전을 거듭해서 현재는 중고등학교와 대학까지 한 캠퍼스 안에 자리하게 되었다. 선교사들이 터를 잡은 후 학교들이 크게 성장하면서 캠퍼스가 협소하게 되어 결국 옛 건물들이 하나씩 헐려나갔다. 성장의 필요와 비좁은 공간을 활용해야 하는 현실적인 상황은 옛 건물들을 헐어야만 했다. 역사적인 건축물을 보존하는 것과 활용하기 위한 방안을 강구하는 과정에서 해체되거나 완전히 철거되는 경우들도 있다. 특별히 건축물들은 역사, 문화, 경제, 의식의 문제까지 포함되는 것이기 때문에 함부로 헐거나 파괴하는 일은 가능한 없도록 해야 할 것이다. 건축물은 그 자체로 문화의 산물이고, 당시의 문화와 경제 수준까지도 가름할 수 있게 하는 자료다. 그렇기 때문에 옛 건물이 있다는 것은 단순한 볼거리의 문제가 아니라 당시의 사람들이 갖고 있던 생각들과 시대상까지 담겨있기 때문에 중요하다.

배화학당에는 여러 채의 양옥들이 있었다. 그 건물들은 학교가 발전하는 과정에서 순차적으로 하나씩 건축되었다. 건물들마다 사연이 있고, 건물의 특징도 있다. 이번 여정은 배화학당에 자리잡고 있는 건물들을 찾아보고자 한다. 아쉬운 것은 학교가 발전하는 과정에서 지금은 찾아볼 수 없는 것도 있다는 것이다.

과학관(배화보통학교)

현재는 배화여고의 과학관으로 사용되고 있는 건물은 1914년에 건축된 것으로 배화학당이 필운동으로 옮겨오면서 지은 건물이다. 내부는 여러 차례 수리를 했지만 외형은 처음 지었을 때의 모습을 그대로 간직하고 있다. 붉은 벽돌을 이용해서 르네상스식으로 지은 3층 건물인데, 층을 구분하기 위한 다른 색깔의 벽돌(회색)을 이용해서 장식했다. 100년이 넘은 건물로서 현재도 교실과 과학관으로 사용할 수 있을 만큼 견고하게 지어졌다. 이 건물은 보통학교가 이용했던 것인데 초등학교 과정을 없애면서 현재는 고등학교의 과학관으로 사용되고 있다.

배화기념관(독신 여자 선교사들의 숙소)

이 건물은 본래 설립자인 캠벨 선교사가 사용했던 건물이다. 캠벨은 여자 선교사들 가운데 독신으로 활동하고 있는 사람들과 함께 이 건물을 숙소로 사용했다. 이 건물은 반지하가 있고, 지상으로는 2층 건물이다. 역시 붉은 벽돌을 이용해서 르네상스 양식으로 지었다. 다만 지붕

과학관으로 사용하고 있는 양관(1915년)

이 특이하다. 중국에서는 쉽게 찾아볼 수 있는 양식이지만 한국에서는 매우 독특하다. 2층까지는 르네상스 양식의 벽돌 건물인데 한옥의 팔작지붕을 올렸고, 현관에 발코니를 만들면서 포치를 세워서 전형적인 저택의 모습을 하고 있다. 포치를 세우기 위해서 사용한 것은 화강암으로 작지만 위용을 느낄 만하다. 게다가 처마에는 궁궐에서 사용하는 건축 양식인 다포식(多包式)을 채용해서 건물의 권위가 느껴지게 했다. 이렇게 몸은 양옥 구조, 지붕은 한옥 형식을 채용한 건물로서 현대 건축사에 있어서 매우 특별하고 몇 안 되는 중요한 사료이다.

선교사들이 철수한 다음부터는 학생들의 생활관으로 사용하다가 현재는 배화기념관으로 사용되고 있다.

고등학교 본관(캠벨기념관)

배화라는 이름을 갖고 있는 학교들 가운데 가장 아름다운 건물은 현재 고등학교 본관으로 사용되고 있는 캠벨기념관 건물이다. 수령이 오래된 향나무와 은행나무, 그리고 측백나무가 건물의 품위를 더 하게 하

배화기념관-이 건물은 독신 여자선교사 숙소로 지어진 것으로 생활관. 동창회관 등으로 사용되다가 지금은 배화기념관으로 사용되고 있다

는 정경은 아름답다. 오늘날 지어지는 건물과는 비교할 수 없는 아름다운 모습을 하고 있는 본관 건물은 1925년에 지어진 것으로 캠벨기념관이라는 이름으로 오늘에 이르기까지 배화의 상징적인 위치를 지키고 있다.

건축양식은 배화기념관이나 과학관과 마찬가지로 르네상스 양식으로 지어졌다. 반지하와 지상 2층으로 된 건물인데, 배화기념관과 거의 흡사한 모습을 하고 있다. 다만 배화기념관은 상대적으로 작은 반면 본관 건물로 사용되고 것은 몇 배나 크다.

여자학교이기도 하고, 남학교라고 하더라도 지금은 자유롭게 드나들 수 없다. 특히 이러한 건물들이 모두 교정 안에 있기 때문에 방문이 자유롭지 못한 것은 아쉬운 점이다. 따라서 사전에 허락을 받는 것이 필수이다. 들어가서 남겨진 건물들과 캠벨의 흉상과 배화 100주년기념비 등을 살펴보노라면 어느 것도 선교사들의 마음과 학생들을 위한 뜻이 담겨있지 않은 것이 없음을 발견하면서 감사한 마음을 가지게 된다.

특별히 캠벨 흉상이 세워진 곳에서 청와대 방향으로 내려다보면 선

배화학교 본관(캠벨기념관)

교사들이 자리를 잡은 필운동 언덕이라는 위치가 특별하고, 선교사들이 이곳에서 서울 장안을 내려다보면서 어떤 기도를 했을지 같은 마음을 느낄 수 있을 것이다.

선교사 주택(사직로 6길 15)

배화학교에서 사직터널 쪽으로 이어지는 자락길을 따라서 터널을 지나면 이내 닿을 수 있는 곳에 남감리교회 선교사들이 사용했던 숙소가 남아있다. 이제는 발길이 잘 닿지 않는 곳이라 관심을 갖고 찾지 않으면 다가가기 어려운 곳이 된 사직터널 바로 옆에는 미국남감리교회가 남긴 또 하나의 시설이다. 이 주택(기혼자 숙소, 미혼자 숙소)은 선교사들이 살았던 곳이다. 위치가 그래서인지 아직 원형을 유지한 채 남겨진 선교사들의 주택은 한국 현대사의 모진 풍파를 겪은 상흔을 간직한 채 탐방자를 맞고 있다. 하지만 아쉬운 것은 개발의 열풍 때문에 이곳 역시 역사의 현장이 그대로 보존되는 것은 어려웠다.

이곳에 선교사들의 주택이 지어진 것은 1906년 가을이다. 그해 가을 현 한국은행 본점이 자리하고 있는 곳(南松峴)에 터를 잡았던 남감

방치된 주택

리교회 선교부가 그곳이 협소한 관계로 매각하고, 이 사직동 언덕 한적한 곳에 4천여 평의 대지를 마련했다. 위치가 서울 장안을 한눈에 볼 수 있는 시야가 좋은 곳이고, 일반인들의 왕래가 적었던 곳이기 때문에 선교사들의 보금자리로서는 그만이었다. 따라서 선교사들이 주거공간을 만들기에 매우 적당한 곳으로 판단했다.

이곳에 지어진 주택은 모두 4채였다. 집마다 꽤 규모가 있고, 출입구도 두 개로 하여 각자의 주거공간을 최대한 함께 사용할 수 있도록 다가구 형태였지만, 동시에 개인의 프라이버시는 지켜질 수 있도록 공간을 나누었다.

그러나 현재 이곳에 온전하게 남겨진 주택은 두 채 뿐이다. 선교부에서 일하던 한국인들이 살았던 주변의 중후한 한옥들도 개발의 논리에 밀려서 모두 헐렸고, 그 자리에는 빌라들이 밀집해서 세워졌다. 부족한 주택을 해결하기 위해서 개발되었지만, 1900년대 초기에 이곳에 자리를 잡은 남감리교회 선교부와 그들이 남긴 족적은 결코 작지 않다. 그럼에도 지금 이곳을 찾았을 때 얼마 전까지만 해도 굳게 닫힌 철문밖에는 접촉할 수 있는 길이 없었다. 방치된 상태로 있는 건물을 철문 틈으로 들여다보는 것으로 만족해야 했다.

남감리교선교부 주택(왼쪽 주택을 우당 기념관으로 사용하고 있다)

하지만 최근에 서울시가 방치되어있던 건물을 어떻게 활용할 것인지 방안 찾던 중 임시이기는 하지만 이회영기념관을 이곳으로 옮겼다. 따라서 일단 굳게 닫혔던 철문이 열렸고, 두 채 중 한 채를 기념관으로 꾸미며서 방문객들을 맞고 있다.

이회영기념관과 관련해서는 별도로 다루기로 하고, 일단 문이 열렸으니 이곳을 찾아서 백여 년 전 이 집에 머물렀던 이들의 면면을 돌아본다면, 지금의 느낌과는 많이 다른 것을 느끼게 될 것이다. 당시 이곳의 남감리교회 선교부는 서울 장안에 자리하고 있던 선교부들 가운데 종로의 북장로교회 선교부, 정동의 북감리교회 선교부와 함께 이곳은 남감리교회 선교사들이 활동하는 중심축을 이루었다. 서울에 본부를 두고 있던 선교부들 가운데 대표적인 규모였다는 의미다. 비록 지금은 주택가 언덕에 협소한 공간이 되고 말았지만 당시에는 선교사들과 그들의 협력자들이 붐볐던 곳이다.

이곳에 거처를 만들고 선교활동을 했던 이들은 그 이름만으로도 존재감을 확인할 수 있는 사람들이라는 것을 생각하면 무심하게 지나쳤던 사직동 선교사들의 집은 쓸쓸함을 더한다. 당시에는 집의 크기와 돌로 지은 양옥들은 멋과 위엄을 느끼게 하는 것이었는데, 이제는 빌딩과 아파트들에 둘러싸여 그러한 멋과 위엄은 간데없다. 그럼에도 골목길을 따라 이곳에 찾아오면, 아직 남아있는 당시의 주택과 상대적으로 넓은 공간에 자리를 지키고 있는 거목들, 그리고 하늘을 향해 열린 시야와 함께 여유로움을 느끼게 한다.

남감리교회 선교사들은 대부분 이곳을 거쳤다고 할 수 있는데, 초기 선교사로 조선선교의 길을 열었던 콜리어(C.T. Collyer), 개성, 철원, 춘천, 원주 선교의 주역이었던 무스(J.R. Moose), 배재학당의 교사로 섬겼던 하운셀(C.G. Hounshell)이 조선선교를 마무리하고 잠시 쉼을 얻기 위해 머물렀다. 또한 남감리교회의 선교지였던 철원과 강원도 영서 지방의 선교를 맡았던 크램(W.G. Cram)도 이곳을 거처로 해서 활동했다. 1907년 평양대부흥운동의 촉발점이 된 원산회개운동을 주도했던 하디(R.A. Hardie), 협성신학교 교장 왓슨(A.W. Wasson), 협성신학교 교수 저다인(J.L.Gerdine), 갬블(F.K. Gamble), 연희전문학교 교수 피셔(J.E. Fisher), 히취(J.W. Hitch), 스파이들(G.C. Speidel), 세브란스병원의 의사 스타이츠(F.M. Stites), 앤더슨(E.W. Anderson), 개성 송도학교 교장을 지낸 스나이더(L.H. Snyder), 그리고 남감리교회 재정담당인 사우어(C.A. Sauer)가 일본이 강제 퇴거명령을 내려 선교사들을 추방시키는 시점까지 이곳에 살면서 선교부 재산을 지켰다. 즉 그는 1941년 3월 14일까지 이곳에 살면서 재산을 지켰으나 일제의 강제 출국명령에 의해서 이곳을 떠나야만 했다.

1946년 해방 이후 선교사들이 이곳을 다시 찾은 것은 1948년에 입국한 주디(C.W. Judy)부부와 터너(A. Turner)부부, 무어(J.H. Moore)가 이곳을 사용하면서 한국선교를 다시 시작했다. 하지만 이 건물의 역사는 질곡을 겪어야 했다. 이어서 일어난 한국전쟁 때문이다. 전쟁 중에는 공산군에 의해서, 유엔군이 진군하면서는 미군의 정보부대가 사용했다. 그러니 1953년 휴전 이후에야 다시 선교사들이 들어와서 사용할 수 있게 되었다.

현재 이곳에 남겨진 주택은 두 채뿐이다. 본래 네 채 중에 두 채는 일반주택으로 개발하면서 그 자리에 빌라가 지어졌고, 언덕 위에 있는 두 채는 공실로 남아있었다가 최근에 그 중 한 채를 이회영기념관으로 사용하고 있다.

이회영 기념관(사직로 6길 15)

이회영의 기념관은 본래 동숭동에 있었던 것을 2001년 신교동 6-22으로 옮겼다. 신교동에 20년 자리하고 있던 기념관은 우당의 후손이며 기념관 관장이었던 이종찬 전 의원이 자신의 집에 만들었던 것으로 지금도 그 자리에는 간판과 안내판까지 그대로 있다. 우당 기념관이 개인의 집에 있는 것은 사회적 국가적으로 도리가 아니기에 공공성을 확보할 수 있는 공간이 필요했다.

이에 서울시는 남산 예장자락 조선시대 군사훈련장과 녹천정이 있었고, 일제 강점기에는 통감부와 통감관저와 함께 일본인 거주지가 되었던 곳, 또한 1961년부터는 중앙정보부 남산별관과 교통방송이 자리하고 있었던 곳을 철거하여 약 6,000평의 부지를 녹지공원을 만들면서 그곳에 우당 기념관을 만들어 2021년 6월 9일 개관했다. 이곳에는 꽤 넓은 공간을 우당 기념관으로 사용해서 우당과 독립군에 대한 자세한 것을 알 수 있게 했다.

그런데 어떤 연유로 예장공원에서 다시 이곳으로 옮기게 되었는지는 알 수 없으나 지난 2024년 9월 11일 이곳에 새롭게 우당과 그 형제들의 생애를 찾아볼 수 있도록 만들어놓았다. 선교사 사택이라고 찾던 곳

신교동 기념관(좌)과
기념관 안내판(우)
이것은 지금도 그 자리에
있다(신교동 6-22).

인 데 갑자기 우당 이회영의 기념관이라고 하니
뭔가 연결고리가 확실하지 않아서 고개를 갸우
뚱 하게 되는 것은 사실이다.

　　하지만 굳이 연결고리를 찾는다면 우당의
선조 백사(白沙) 이항복(1556~1618)을 소환해야
할 것 같다. 우당은 백사의 직계 후손이다. 그런
데 이곳에 자리를 잡고 활동했던 선교사들이 인
왕산 자락에 세운 배화학당이 터를 잡고 있는 곳
이 바로 백사가 살던 곳이다. 현재 배화여자고등
학교가 자리하고 있는 곳이 이항복의 집터이며
백사의 글귀가 남겨진 필운대도 그곳에 있다. 백
사가 이곳에 터를 잡을 수 있었던 것은 그가 권
율의 사위가 되면서 권율 소유의 집을 물려받아
살기 시작하면서부터이다. 권율의 집은 같은 인
왕산 자락 남쪽 등성이(딜쿠사 옆)에 있었다. 이
렇게 굳이 연결고리를 찾는다면 우당 기념관이

우당 이회영 흉상(위)과 사진(아래)

선조인 백사의 집터와 선교사들의 집을 자리바꿈을 했다고 하면 억지일
는지 모르겠다.

또한 우당의 부인이자 독립운동의 동지였던 이은숙 선생이 활동하
면서 서울에 머물 때 사용했던 '당주동'집이 멀지 않으며, 우당의 동지로
서 신흥무관학교 교관이었던 김경천 장군이 살던 집은 기념관 바로 아
래이니, 의미가 없는 것은 아닐 듯하다. 어차피 빈집으로 흉가처럼 있는
공간을 활용하자는 차원에서 이곳을 이용하게 됐지만 앞으로도 기념관
이 이 자리를 지킬지는 두고 보아야 할 일이다.

필자가 처음 이곳을 찾았을 때에는 굳게 닫힌 철문 때문에 틈사이
로 건물의 존재만 확인할 수밖에 없었다. 그런데 2024년 가을 문이 열렸
다는 소식과 함께 급하게 다시 찾아왔을 때 아직 이 기념관을 사람들이
모르기 때문에 찾는 이들이 별로 없어 여유로운 공간이었다. 방치되었던
마당에 자랐던 잡초들마저도 그대로여서 마치 서울 한 복판에 이런 공간
이 있을 수 있을까 할 정도 때가 묻지 않은 분위기를 경험할 수 있었다.

기념관으로 꾸며진 선교사들의 공동주택은 기본적으로는 전시 공
간이다. 지하층과 1, 2층 모두 전시 공간으로 마련되었으며, 주택으로 지
어진 지하까지 합쳐도 겨우 100평정도의 좁은 공간인지라 전시관으로
사용하기는 옹색한 느낌이다. 따라서 2층으로 올라가는 계단도 좁은데
그곳까지 이용해서 이회영의 생애와 그를 기억해야 하는 이유를 알 수
있도록 해놓았다. 그중에 1층에는 좁지만 방문객들이 쉴 수 있는 공간도

우당 기념관 전시실 내부

있다. 조금 큰 일반 주택의 응접실정도로 생각하면 될 만한 공간이다. 그곳에 이회영의 6형제의 초상화와 간단한 이력을 적어놓은 액자가 벽에 걸려있다.

기념관은 '벗집'이라는 택호를 사용하고 있다. 이것은 이회영의 호 우당(友堂)을 우리말로 풀은 것으로 우당의 삶에 임하는 자세와 모습을 경험할 수 있도록 한 배려인 것 같다. 사실 일반인들이 우당을 기억하는 경우가 많지 않다. 독립군의 청산리 전투와 김좌진 장군은 기억한다. 반면에 우당은 관심을 갖지 않으면 모르는 경우가 대부분이다. 하지만 만주와 연해주에서 독립운동과 일본군과 전투를 할 수 있었던 사람들을 길러냈던 신흥무관학교의 전신인 신흥강습소를 설립하고 운영하기 위해서 만석꾼으로 소유하고 있었던 전 재산을 6형제가 의기투합하여 처분해서 사용했다. 그 중심에 넷째인 우당이 있고, 우당은 조선의 독립을 위하여 자신이 누릴 수 있었던 모든 것을 신흥무관학교와 독립군을 양성하기 위해서 사용했다.

하지만 이 기념관은 여기에 계속 있을 것은 아닌 것으로 처음부터 계획하고 이곳에 오픈한 것으로 알려졌다. 이 기념관은 궁극적으로 우당이 살았던 명동 문화공원으로 신축하여 이전할 계획이다. 그러므로 이곳에 계속 있게 될 것인지는 미지수이다. 다만 현재 이곳을 사용하고 있으니 선교사들의 주택을 찾아보는 것과 함께 우당의 행적을 만날 수 있는 것이기에 의미가 있지 않을까.

특별히 그를 기억하는 것은 6형제가 뜻을 같이 하여, 온 가족과 함께 투신하여 독립운동에 뛰어들어 전 재산을 독립운동을 위한 자금으로 사용했다는 것은 결코 누구나 할 수 있는 일은 아니다. 우당은 6형제 중 넷째이면서도 형제들을 대표해서 기리게 되는 것은 그가 예수님을 믿는 사람이고 국민으로서 나라를 위해서 할 수 있는 것이 무엇인지를 확인한 다음 형제들을 설득하고 함께 할 수 있는 길을 열었기 때문이다. 그 결과 독립운동 현장에서도 그의 역할은 탁월했다. 그의 형인 이시영 선생은 임시정부 초대 부통령을 지냈음에도 특별히 우당을 기억하고자 하는 것은 그러한 의미일 것이다.

우당은 1867년 중구 저동에서 백사 이항복의 10세손으로 태어났고 가문과 사회적 영향에 의해서 성리학을 수확하면서 전통적인 유학자로 성장했으나 동생 이시영이 관직에 나아간 것과는 달리 세상이 바뀌는 것을 감지하고 나라가 위기에 처하는 과정을 목도하면서 주변 사람들과 토로하던 중 1905년 을사늑약이 체결되자 항일운동에 직접 나섰다.

1904년 이회영은 상동교회에 출석하면서부터 상동청년학원을 중심으로 독립운동에 참여할 수 있는 사람들을 규합하여 민족 계몽과 독립운동을 이끌었다. 이때 헤이그에 특사(정사 이상설, 부사 이준, 통역관 이위종)를 파견하는 준비와 인물을 추천한 것도 상동교회에서 그의 역할이었음은 기억되어야 할 일이다.

그가 기독교로 개종한 동기가 어떤 것인지 알 수 없지만 구체적으로 항일, 독립운동에 가담하여 관련된 사람들과 상동교회에 출석하면서부터이다. 이때 상동교회는 항일과 독립운동에 관심을 가진 청년들이 모여드는 곳이었고, 상동

헤이그 특사로 파송된 사람들
(좌로부터 이준, 이상설, 이위종)

한국기독교 역사 현장을 찾아서

교회가 운영하는 민족교육기관인 상동청년학원의 학감으로 앞장서서 이끌었다.

그러한 의미에서 그는 단지 민족지도자, 독립운동가로서만 아니라 그러한 의식을 크리스천으로서 감당했다는 것에 주목할 필요가 있다. 1905년 을사늑약이 강제로 체결되었을 때 그 일을 주도했던 을사오적(박제순, 이지용, 이근택, 이완용, 권중현)을 규탄하는 일에 앞장섰고, 1907년 안창호, 전덕기, 양기탁, 이동녕과 함께 신민회(비밀결사단체)를 결성해서 일제에 저항 했다.

1931년 일본이 만주사변을 일으키자 중국에 있는 동지들을 상해로 모아 조직한 '항일구국연맹'에 의장이 되었고, 일본군과 직접적인 대치와 게릴라식 전투를 계획했다. 중국 국민당과 교섭하여 무기와 자금을 지원 받아 활동을 했다. 1932년 11월 만주에 근거지를 마련한 다음 만주에 주둔하고 있는 일본군 사령관을 제거하기 위하여 대련으로 가던 중 일본 경찰에 체포되어 혹독한 고문을 받다가 그해 옥사했다.

윤동주 문학관(창의문로 119)

그가 연희전문학교를 다니던 시절 기숙생활이 어려움이 있어서 서촌에서 잠시 하숙생활을 한 것이 그의 문학관이 서촌 끝자락에 마련된 이유가 되었다. 이 문학관은 서촌에서 자하문 고갯마루로 가자면 자하문에 거의 다 이르러 왼쪽 길옆에 소박한 건물에 마련되어 있다. 우측에는 1968년 1월 21일 북한 124부대의 김신조를 비롯한 무장한 인민군 31명이 청와대 습격을 했을 때 희생당한 경찰 최규식 경무관과 정종수 경사의 순직비가 세워진 작은 공원이 있다.

현재 문학관이 조성된 곳이 윤동주가 살던 집은 아니다. 윤동주는 문우인 정병욱과 건너편 누상동의 소설가 김송(金松)의 집에서 하숙을 하면서 인왕산에 오르곤 했다고 한다. 그 시절 이곳을 오가며 느꼈던 시정(詩情)을 담아낸 것이 불멸의 작품으로 탄생했다고 할 수 있다. 즉 '별

문학관 외경(위)과 문학관 내부(아래)

시인의 언덕 새김돌과 시비(서시)

헤는 밤' '서시' '또 다른 고향' 등과 같은 작품이 이곳에 머무를 즈음에 쓰인 것으로 보인다. 따라서 그의 문학관과 함께 그 옆으로 이어지는 언덕에 오르면 서울 성곽에 이어지는 '시인의 언덕'이라는 새김돌과 함께 서촌을 한눈에 내려다 볼 수 있다.

현재 문학관으로 조성된 건물은 본래 서촌지역에 수돗물을 공급하는 가압 펌프장과 물탱크였다. 물탱크와 가압 펌프장을 가능한 살려서 윤동주가 담아낸 시상을 체험할 수 있도록 하는 체험장으로 만들어 놓은 것이 특징이다.

제1전시실은 입구에 있다. 이곳에는 9개의 전시대가 있고, 윤동주의 일생을 시간별로 사진, 친필원고, 시집 등이 전시되어있다. 제2전시실은 가압펌프장 물탱크를 그대로 살려서 윤동주의 시 <자화상>에 등장하는 '우물'을 연상하게 함과 동시에 하늘로 열린 공간을 통해서 그의 '서시'를 자연스럽게 연상하게 했다. 제3전시실은 2전시실과 반대로 닫힌 공간을 만들어 윤동주가 겪은 형무소를 연상하게 만들었다. 이곳에서는 윤동주의 일생과 그의 시를 담은 짧은 영상물을 상영하는 공간이다.

서울교회(필운대로 11길 27-1)

서촌의 인왕산 자락에 좀 생소한 교회가 있다. 일반적으로 잘 알려져 있지 않지만 기억해 두어야 할 교회이기도 하다. 그러나 현재로서는

하와이한인기독교독립교회로 설립된 서울교회

잊혀지고 있고, 나아가 완전히 사라질 지경에 놓이기도 했기 때문에 더욱 찾아봐야 할 곳이라는 생각이다. 모든 역사를 기록할 수 없는 것처럼 모든 건물을 보존할 수는 없다. 그러나 역사로 남게 되는 것은 역사의 주인공인 사람에 의한 선택이고 기억이다. 그러한 의미에서 서울교회는 남겨져야 하고, 기억되어야 할 것들 가운데 하나라는 생각이다.

서울교회는 필운대로 11길을 따라서 인왕산 자락 끝까지 올라가면 자리하고 있다. 그곳에서 경복궁과 광화문 쪽을 내려다보면 서촌 전체와 함께 조망이 특별하다. 앞에서 언급했듯이 장안에 교회도 많고 어쩌면 서울교회라는 이름을 가진 교회들도 여럿 일 텐데 여기에 있는 서울교회는 어떤 교회이기에 찾아가고자 하는가?

해방과 함께 귀국한 이승만이 대한민국 정부수립과 함께 그가 남긴 것들 중에 하나가 이 교회이기 때문이다. 이 교회는 이승만 자신도 하와이에서 독립운동을 했고, 하와이 교민들, 특별히 하와이에 있는 교회들이 앞장서서 함께했던 사실을 기억하고, 이 땅에 그들이 독립을 위해서 어떻게 헌신했는지 잊어서는 안되겠다는 생각과 함께 기념교회를 설립하도록 했다. 즉 하와이 한인 그리스도인들의 독립정신을 기리기 위하여 이곳에 세운 것이 서울교회이다. 1958년 육군공병대에 지시해서 이 터에 예배당을 짓고 '하와이한인기독독립교회'라는 명패를 붙인 것이 이 교회의 시작이다.

하지만 4.19혁명을 거치면서 이승만의 존재감이 사라지게 되고, 1964년 이 교회는 기독교장로회로 속하게 되어 지금에 이르고 있다. 이 때 교회 이름을 서울교회로 바꾸었으며, 기독교장로회 소속이 되면서 이 교회는 1972년부터 노동자 교육과 야학, 사회운동 등의 거점으로 사용되었다.

그러나 현재 이 교회 건물을 서울시에서 주민들의 힐링센터로 활용하려고 하는 방안을 모색하고 있다. 2019년(박원순 시장 재임) 당시 이 건물을 서울시로 편입시켰고, 2019년 5월 서울시가 교회는 완전히 폐쇄한 상태이다.

서울교회를 세웠던 배경에 하와이교민들과 이민 교회들이 있었다는 사실을 기억해야 할 것이다. 시간이 지나면 잊혀지는 것이 자연스럽지만 본래의 뜻과 목적을 상실하게 되는 것은 후대 사람들의 책임이기도 하기 때문이다. 예를 들어서 인천의 인하대학교도 같은 맥락에서 하와

하와이기독교동지회회원들(앞줄 좌로부터 세번째 이승만)

이 교민들과 교회들이 독립운동을 지원하면서 마련했던 부동산들이 조국의 해방과 함께 그 용도가 사라짐으로써 처분해서 대한민국의 발전을 위한 기술 인력을 양성할 수 있는 대학을 설립하겠다는 뜻을 가지고 만들어진 학교이다. 역시 이승만 대통령이 주도해서 그 기금과 정부의 출연금까지 더해서 건립한 학교이지만 지금 그 사실을 알고 있는 사람들이 얼마나 될지. 이 역시 망각할 수밖에 없는 인간의 한계이지만 기억하려고 하는 노력조차 하지 않은 것은 분명 책임이 크다.

여기 서울교회도 그렇다. 일제 강점기 동안 해외에서 조국의 독립을 위해서 많은 사람들이 노력과 희생을 했는데, 그 중에서 가장 먼저 이주 노동자 신분으로 이민을 갔던 하와이 동포들이 임시정부를 비롯해서 독립운동을 이끄는 단체들을 지원했다. 그렇다고 하와이 노동자로 갔던 사람들의 경제력이 특별했던 것이 아니었다. 초기에는 최저 임금도 제대로 받지 못하면서 낯설고 열악한 환경과 싸우면서 살아남았지만, 그들에게 조국은 식민지였기에 자신들도 생존하기 어려운 여건임에도 불구하고 독립운동을 지원하는 일에 가장 적극적으로 나섰다. 하와이에서 독립운동을 이끌었고, 1918년 하와기독독립교회를 세우는 일을 했던 이승만은 대한민국 정부수립 이후 그들을 기억하는 교회가 있어야 한다는 생각을 했다.

따라서 이 교회가 세워지고 첫 번째 담임 목사는 하와이교회를 개척하는 일부터 이승만과 함께했고, '기독교동지회' 회원으로 활동했

던 이종관 목사가 부임했다. 하지만 4.19혁명과 함께 이승만 대통령이 하야한 이후 이 교회는 기독교장로회 소속이 되었고, 지금은 더 이상 모임이 없는 빈 예배당이 되고 말았다.

서울맹학교(박두성)

서울교회 지적에 자리하고 있는 서울맹학교 역시 잘 알려져 있지 않다. 또한 기독교와 직접적으로 관련이 없는 역사를 가지고 있는 것도 사실이다. 이번 답사를 통해서 이곳을 찾은 것은 다름 아닌 한글 점자가 이곳에 근무하던 박두성에 의해서 창제되었고, 한글 점자를 반포한 시점도 1926년 박두성(1888~1963)이 이곳에 근무할 때였기 때문이다.

박두성 기념비와 박두성

한글은 세종대왕이 1443년에 창제하고 1446년 훈민정음이라는 공식명칭으로 반포하여 말 그대로 백성의 글이도록 했다. 그렇지만 정작 조선정부는 한글을 공식적인 문자로 사용하지 않았으며, 1894년 11월 21일(고종31년) 갑오개혁과 함께 국문(한글)을 기본으로 사용하도록 했다. 이것은 한글이 창제된지 430

년만의 일이다. 그랬던 것을 1896년 독립협회가 만들어지고 독립신문을
발행하면서 헐버트 선교사와 주시경 등이 한글신문으로 만들면서 국민
의 문자가 될 수 있었다.

　박두성은 한글을 사용하지 못하도록 하는 식민지시대에 그것도 일
본인이 운영하는 학교에서 시각장애인을 위한 문자(점자)가 있다는 알
게 되었고, 그렇다면 한글 점자도 가능하지 않겠는가 하는 생각과 함께
혼자서 몰래 한글 점자를 창제했고, 그것을 1926년에 '훈맹정음'으로 반
포함으로 우리나라 시각장애인들의 눈을 뜨게 만들어주었다.

　서울맹학교는 일제 강점기인 1913년 조선총독부령 77호에 의해서
재단법인 제생원이 설립되었고 제생원 맹아부로 시작되었다. 따라서 이
학교의 운영과 관리권은 총독부에 있었다. 총독부가 주도해서 시각장애
인들의 구호와 교육을 목적으로 1913년 4월 1일 맹아부를 개교하게 되
는 데, 그 시작은 서대문구 천연동 98번지에서였다. 하지만 이내 공간이
부족하게 되었고, 시각장애인들에게는 불편한 공간이었기 때문에 1933
년 12월 5일 현재의 위치인 신교동 1번지 선희궁터로 옮겼다.

　해방이 될 때까지 맹학교는 일본인 교장에 의해 운영되었고, 그 운

영권은 총독부가 가지고 있었다. 해방과 함께 학교가 미군정청이 관할하게 되었을 때 제생원의 교사로 있었던 사람들이 중심이 되어서 1945년 10월 1일 국립맹학교로 바꾸고 6년제 초등학교 과정을 운영하게 되었다.

체부동교회(자하문로 1나길 3-2)

서울지하철 3호선 경복궁역 2번 출구에서 이어지는 자하문로 1길은 먹자골목이다. 골목에 들어서 5~6 상점을 지나 오른쪽으로 열린 골목으로 들어서면 바로 체부동교회 옛 건물이 있다. 두 사람이 지나치는 것이 어렵게 느껴질 정도로 좁은 골목 안에 이러한 예배당이 있을 것이라는 생각은 하기가 어렵다. 그런데 붉은 벽돌로 지은 번듯한 예배당이 서 있는 것을 발견하게 된다. 본래 이 건물은 체부동성결교회가 1931년에 지은 예배당이지만 현재는 예배당으로 사용하지 않고 '체부동생활문화지원센터'로 활용되고 있다. 이 센터는 지역주민과 생활문화동호회에 활동할 수 있는 공간으로 제공되고 있다.

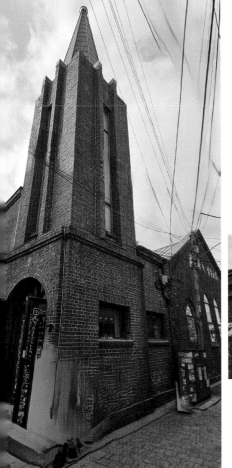

구 체부동성결교회
벽면에 이름을 써놓은 것이 그대로 있다

그런데 왜 이곳을 답사지로 선택했을까? 이 예배당은 1931년에 지은 것으로 근대 건축물로서 가치를 인정받아서 헐지 않고 보존하는 절차에 따라서 서울시 미래유산(2014)과 우수건축자산 제1호(2017)로 선정되어서 보호를 받고 있기 때문이다. 그 이유는 단순한 벽돌로 지은 것이지만 축조방법이 프랑스식과 영국식 등 두 가지 공법을 적용해서 만들어진 건물이라는 것이 가장 중요한 이유였다. 또한 내부는 서양건축양식인 목조 트러스트구조의 천장과 남녀 신자들이 출입하는 문을 따로 만든 점, 그리고 1930년대 민가에서 볼 수 있는 꽃담을 만나볼 수 있기도 하다.

체부동교회의 시작은 1924년 6월 30일 무교정교회(현 중앙성결교회)의 누하동 지교회로 시작되었다. 1927년 누하동 36번지에서 현 위치인 체부동 188번지로 이전하면서 교회 이름도 체부동교회로 바꾸었다. 그리고 1935년 성결교회를 지원하고 있던 동양선교회의 여 선교사들이 중심이 되어서 영국 신자들의 헌금을 지원 받았고, 체부동교회의 신자들의 헌금을 합하여 대지 60평을 구입했고, 예배당(31평)과 사택 8평을 지었다.

하지만 일제 말기인 1943년 특별히 성결교단의 교회들이 수난을 겪게 될 때 이 예배당도 강제로 폐쇄되었고, 신자들은 더 이상 모이지 못하게 되었다. 1945년 해방이 되면서 예배당을 다시 찾았고, 흩어졌던 신자들이 돌아오면서 14명이 모여 예배를 드림으로써 교회가 회복되었다. 이렇게 회복된 교회는 한국 성결교회를 대표하는 중요한 교회로 성장한 신길교회(1946)와 신촌교회(1955)를 각각 지교회로 설립하는 큰 역할을 감당했다.

체부동교회가 이 예배당을 비우고 이곳을 떠나게 되는 것은 70주년을 앞둔 1993년 새로운 지역으로 이전할 것을 결의하고 이 건물을 매각함으로 시작되었다. 이듬해인 1994년 창립 70주년을 맞아 기념예배당과 빌딩을 강서구 등촌동에 마련하고 1997년 옮겨감으로써 체부동교회의 이름은 사라지고 말았다. 옮긴 지역이 체부동과는 전혀 관계가 없으니 이름을 그대로 사용할 수 없음으로 영광교회로 바꾸어 역사를 이어가고 있다. 비록 지금은 전혀 다른 지역에 있고, 이름도 바꾸었으니 체부동교회와 연결고리를 찾는 것이 어렵지만 성결교회를 대표하는 두 교회를 설립한 교회로서 체부동교회를 기억하고 싶은 마음이다.

윤동주 문학관 뒤 시인의 언덕에 올라 서촌을 내려다보면 한눈에 들어온다. 인왕산과 북한산 사이 큰 골짜기에 자리하고 있는 서촌은 경복궁 서쪽에 위치한 지리적인 요인과 함께 중인들과 조금은 신분이 낮은 사람들이 주로 거처하는 곳이었다. 또한 근대사에서는 문인, 화가, 학자들이 깃들었던 곳이기도 하다. 일반 시민들로서는 궁녀나 내시와 같은 신분의 사람들이 궁궐과 담 하나 사이에 두고 삶을 이어갔던 곳이다. 그만큼 애환과 사람 냄새가 물씬 나는 이야기가 많은 지역이다.

그러한 곳에 남감리교회 선교부가 자리를 잡고 조선 선교를 위한 수고의 열매들이 남겨진 곳이기도 하다. 요즘 핫한 곳으로 알려지면서 젊은이들이 찾아드는 것은 고무적인 일이지만, 골목도, 옛 집들도 카페와 먹을거리를 판매하기 위한 시설로 바뀌는 것은 마냥 좋아라 할 수만은 없는 아쉬운 마음이다. 역사적인 것들은 그대로 두고, 그것이 품고 있는 이야기를 공유할 수 있으면 좋겠는데, 현실은 모든 것이 경제적인 가치로 판단하고 있으니 옛 건물과 골목은 없애야 하는 대상일 뿐 거추장스럽고 불편하며, 돈이 되지 않는 것으로 밖에는 보지 않는 것 같다.

서촌을 답사하고 돌아 나올 때는 통인시장 주변이나 골목길에 새롭게 등장하는 많은 쉼터들이 있다. 3호선 경복궁역으로 가다가 세종마을 음식문화거리에 이르러 입맛에 따라서 골라서 먹을 수 있는 먹을거리가 많다. 서울 중심, 그 중에서도 정동과 경복궁의 지적인 곳임에도 그동안 서촌은 사람들의 안중에 없었던 곳이라고 해도 이상하지 않을 만큼 관심의 대상이 되지 못했던 것도 사실이다. 하지만 근년에 들어서 서촌을 찾는 이들의 발걸음이 늘어나면서 새롭게 조명이 되고 있는 곳이다.

근대사에 있어서, 특별히 기독교와 관련한 사람들과 그들이 남긴 역사적 유산들을 서촌의 골목길을 걸으면서 만날 수 있는 기회를 만들 수 있다면 … 하는 생각과 함께 서촌을 걷고 나서 한 카페에 앉아서 이 글을 마무리 한다

이종전의 서울기행 _ 정동·서촌편

초판 1쇄 발행 ㅣ 2025년 5월 1일

지 은 이   ㅣ 이종전
펴 낸 곳   ㅣ 아벨서원
동록번호   ㅣ 제98-3호(1998. 2. 24)
주   소   ㅣ 인천광역시 남동구 구월남로 118(YMCA, 805호)
전화번호   ㅣ 032-424-1031

편집 디자인 ㅣ 조선구
이메일   ㅣ abelbookhouse@gmail.com

Printed in Korea @ 2025 아벨서원